MY HYGGE HOME

―マイ・ヒュッゲ・ホーム―

「癒やしの空間」のつくり方

マイク・ヴァイキング

パリジェン聖絵［訳］

三笠書房

CONTENTS

デンマーク・デザインと、
みんなが集まる
ヒュッゲな場所

"住む人が幸せになる家"ってどんな家?

デザインで幸福度は上げられる?

ただ暮らすだけでなく、より豊かな人生を送れるようになる家ってつくれるの?

こうした問いの答えは、どんなときも私の目の前にありました。デンマークでは、だれもがふたつのものと共に育つからです。「デザイン」と「ヒュッゲ」です。

デンマークのデザイナーをご存じの方もいることでしょう。アルネ・ヤコブセン、ハンス・ウェグナー、ポール・ケアホルム、ポール・ヘニングセン、ボーエ・モーエンセン。彼らは世界に名だたるデザイン界のアイコンです。

『コペンハーゲン』『キリング』『ザ・レガシー』といったデンマークのテレビドラマを観たことがある方なら、この国の都市デザインやインテリアデザインを目にしているはずです。

もしや、『コペンハーゲン』を視聴中に一時停止して、あの首相官邸の照明はポール・ヘニングセンのシェードを幾重にも重ねたアーティチョークランプだ、なんて確認したクチですか?

こうしたドラマではデザインが細部までこだわり抜かれていて、「いかした家具(furniture porn)」と呼ばれることがあるくらいです。

アーティチョークランプ
1925年
ポール・ヘニングセンのデザイン

ウィッシュボーンチェア
1949年
ハンス・ウェグナーのデザイン

トレイテーブル
1963年
ハンス・ボーリングのデザイン

デンマークと「デザイン」は切っても切れない仲です。
『ザ・シンプソンズ』というアニメでシンプソンズ一家がデンマークに行くとき、客室乗務員がこんなアナウンスをします。
「飛行中に家具のデザインや制作を行なっていたお客様は、仕上げのニスをお塗りください」

　しかし、本書でいう「デザイン」は美しい家具といった物理的・意匠的なものにかぎりません。
　デザインという言葉の本来の意味は、物や場所をつくる際に、そこにどんな機能や働きをもたせるかを考えることです。デザインで物や場所がどのように変わり、社会に対してどのような価値やインパクトを与えられるかイメージすることです。

　デザインはさまざまな物や事に影響します。都市における交通手段から、お皿に盛る食べ物、大好きな人たちとのつながり方。近所の人をディナーに招くかどうか、職場への満足度、余暇に何をするか。つまり、生活の基盤や心のよりどころに関係しているのです。

　デザインは、もっとよく生きよう、もっといい世界にしようと思わせてくれるものでもあります。デザインの秘める力を生かせるなら、人生の質を上げる道具を手に入れたも同然。

　これが、デンマーク・デザインの根本にある考え方です。「人」を中心に考えるのがデンマーク・デザインの伝統。人のためのデザイン。
　一般の人のために品質も機能も優れた物をつくろうという熱意。特別なお金持ちでなくても手が届く物たち。
　シンプルで、機能的で、サステナブルで、上質で、使いやすくて、美しさを兼ね備えた品々。

デンマークでは、デザインはいつの時代も幅広い分野にまたがっていました。建築はその最たるもの。

　建築家は、建物だけではなくて内装や備品までをデザインするのが当たり前でした。建物に合う家具や、レストランに合うカトラリーなどなど。

　1960年にアルネ・ヤコブセンが内装も外装もデザインした、コペンハーゲン中心部にあるラディソン コレクション ロイヤル ホテルがよい例です。

　デンマーク・デザインの要_{かなめ}は、人が心身ともに健康で幸せに満ちた暮らしが送れるように、最適な環境をつくることです。

　イリノイ工科大学デザイン研究所の教授で、香港工科大学デザイン科の教授でもあったジョン・ヘスケット氏はこう述べています。「デザインとは、突きつめれば、それまで自然には存在しなかった環境を形づくることで、人々のニーズを満たし、人生に意味をもたらすこと、と定義できる」

　そして、デンマークでデザインよりも重要なものといえば、たったひとつ、そう、ヒュッゲです。

デンマーク人に
欠かすことのできないヒュッゲ

──────

「ヒュッゲ」は、すてきな雰囲気をつくる工夫。大好きな人たちと一緒にいること。外の世界から守られている安心感があること。よろいを脱いで自分を解放できること。人生のささいなことや一大事についてあれこれ語り合うことも、ふたりで静かに寄り添う心地よさ、ひとりで紅茶を飲む幸せもヒュッゲ。ここはわが家だ、という感覚がヒュッゲです。

　別の言い方をすると、家を単なる"住みか"ではなくて、"心の居場所"にすること。安らぎとふれあいの場にすることです。

　ヒュッゲな住まいをデザインするというのは、この家で何をすれば心身ともに満たされた暮らしができるか？　と想像をめぐらせて、それがかなう暮らしの場を整えることです。

　デンマークの人々と文化において、ヒュッゲがどのくらい大切かは、言葉では言い尽くせません。

　デンマーク人のヒュッゲに対する強いこだわりは、この国の文化を生むDNAや価値観に深く組み込まれています。

　ですから、デンマーク人が「私はヒュッゲなんて意識していないよ」と言うのは、イギリス人が「私たちって落ち着きすぎ。もっと弾けなきゃ」と言ったり、アメリカ人が「考えたんだけど、自由なんていらないよね」と言ったりするのと同様にあり得ないことです。

　ヒュッゲがデンマーク人にとってどれほどの意味を持つのか、それがわかる話をいくつか紹介しましょう。

2016年、デンマークの文化担当大臣は、国民に向けて「私たちデンマーク人を形づくってきた社会的価値観、伝統、運動の中で、何を明日の社会に引き継ぎますか？」と問いかけました。

　デンマーク人を形づくってきた価値観、未来のデンマーク社会を形づくる価値観、つまり「デンマークの規範」を明らかにしようという、国をあげての取り組みです。

　この問いかけには2,000以上の回答が寄せられ、そのうちもっとも重要な10項目が文化省によって選ばれました。

　福祉国家、自由、信頼、平等。そして、ご想像のとおり、ヒュッゲもそのひとつでした。

　国際天文学連合が100周年を迎えた2019年、参加国にひとつずつ惑星が割り当てられ、それぞれに名前をつけることになりました。

　デンマークでは、寄せられた830の提案のうち5つが候補として選ばれたのですが、「ヒュッゲ」もそのひとつでした。

　（結局、「ムスペルヘイム」に決まりました。北欧神話に出てくる灼熱の国の名前です。南の果てにあって、スルトという火の巨人に守られています。確かに、キャンドルのあかりとチョコレートよりもちょっぴりカッコイイかもしれません）

　デンマークでは、ヒュッゲは博士号の研究テーマにもなります。

　はじめてヒュッゲの博士論文を書いたのは、イェッペ・リネットという人です。

　彼は、デンマーク人の住まいへのかかわり方や、ヒュッゲがどう影響しているかについて、徹底的なエスノグラフィー調査（行動観察調査）を行なったのです。

　彼の研究によると、ヒュッゲとは、そこにいて安らぎと喜びを覚えること、「今、ここ」を楽しむこと。人と過ごすときにかもし出される雰囲気、出会いのムード、ただよう空気感のことです。

　ヒュッゲを感じるには、周りの環境がとても大事。雰囲気のある場所がカギです。

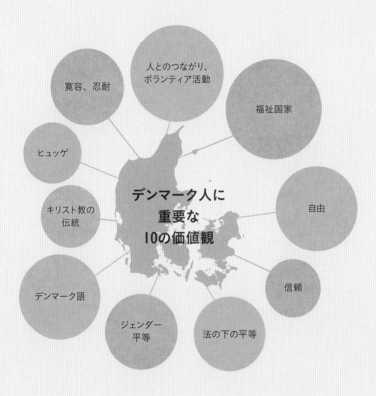

人とのつながり、
ボランティア活動

寛容、忍耐

福祉国家

ヒュッゲ

自由

キリスト教の
伝統

デンマーク人に
重要な
10の価値観

信頼

デンマーク語

ジェンダー
平等

法の下の平等

デンマーク人にとって、住まいはみんなが集まる温かいヒュッゲの拠点です。リラックスしてエネルギーを充電するだけでなく、ふれあいの場としても大切。

　ほかの国なら、バーやレストラン、カフェで集うのでしょうが、デンマーク人は「ホームヒュッゲ（hjemmehygge＝イェメヒュッゲ）」を好みます。外食が高くつくせいもあるかもしれません。

　総じてデンマーク人は内向的なので、私的な空間のほうが居心地よく感じるからかもしれません。

「デザイン」への情熱も手伝って、デンマークはみんなが内に向いて巣ごもりする国。"国技"はヒュッゲです。

　新型コロナが発生したとき、人ごみを避けて室内でなるべく少人数で過ごすように、と政府のお達しが出ても、デンマーク人は「大丈夫。生まれてこのかた、ずっとそうしてきたんだし！」といった感じでした。

　近年、ヒュッゲは世界的な広がりを見せています。毎年、世界の幸福度調査の結果が報告されていますが、北欧5カ国（デンマーク、スウェーデン、ノルウェー、フィンランド、アイスランド）は幸福な国として上位にランクインする常連です。そのため、北欧の文化や生活様式への関心が高まっています。デンマークのヒュッゲはその筆頭です。

　アマゾンで「Hygge」を検索すると、500冊以上の書籍がヒットします。そのうちの1冊は私が書きました。この本は35を超える言語に翻訳されて、100万部以上を売り上げています。デンマークを出航したヒュッゲは、世界中の海岸に到達したわけです。

　もちろん、「ヒュッゲ」という言葉が広まる以前にも、親しい仲間と共に火を囲んでホットワインを飲むひとときを楽しんでいたのはデンマーク人だけではありません。

　戯曲『ロミオとジュリエット』で、シェイクスピアはこんなセリ

フを書いています。

「名前に何の意味があるというの？　私たちがバラと呼ぶものは、ほかのどんな名前で呼んでも、同じように甘く香るわ」

そう。何もヒュッゲはデンマークだけの専売特許ではありません。

私は、最初の本が出版されたあとに受け取った一通の手紙をよく思い起こします。2人のお子さんがいるという、フランス人女性からでした。

「私はずっとヒュッゲな暮らしをしていましたが、その感覚をあらわす言葉を初めて知りました。それまでも、よく2人の子どもたちと一緒に午後を過ごしていました。紅茶とビスケットをお供にソファーに座って、夕方まで過ごすこともありました。以前ならこれを『なまけた午後』とでも呼んだことでしょう。今では『ヒュッゲな午後』になりました」

うれしい感想でした。ヒュッゲという言葉とその概念と感覚が腑に落ちたことで、子どもたちに愛情を注いで安らぎを与えるという午後の過ごし方に感じる後ろめたさが消えたのです。

バラは、名前がちがっても甘い香りは同じかもしれません。が、「ヒュッゲ」は名前自体にも心地よくさせる効果があるのです。

多くの人たちが「ヒュッゲ」を取り入れてくれて、本当にうれしく思っています。一体感、ぬくもり、リラクゼーション、ささやかな喜びが私たちにはもっと必要なはずです。

この感覚は、デンマーク人だけのものではありません。みんなのものなのです。世の中が不安定なときだからこそ、幸せに過ごせる「ヒュッゲな住まい」を、だれもが持つべきだと思います。

自分の小さな世界では、自分が宇宙の支配者です。住まいで幸せを見つけられたなら、世界をもっとよい場所にする力がわいてくるかもしれません。

ヒュッゲが幸せをつくる

―――

　うれしいことに、ヒュッゲには文化や国境を越えて人々をひとつにする力があるようです。ときにはキャンドルの火をともすだけで、夕食のテーブルはヒュッゲになります。

「ヒュッゲの本を読んでから、キャンドルホルダーをふたつ買ってきて、夕食時に火をともすようになりました」と、ある読者が伝えてくれました。
　当時、彼は夫人との間に、18歳の双子と、15歳の男の子の3人の子どもがいました。夕食時にキャンドルをともすようになると、息子さんたちにからかわれたそう。「パパ、なんでこんなロマンチックなことを？　ママとふたりっきりで食事したいの？」
　ところが、じきに夕食の場に小さな変化があらわれます。時がのんびりと流れるようになり、ティーンの子どもたちの会話が増えました。テーブルの雰囲気が変わったことで、あれこれ話したい気分になったのです。
「息子たちは食べ物をかき込むだけでなく、ワインを飲みながらその日の出来事を話すようになりました」

　このようなちょっとした変化で、夕食のひとときは、食べるだけの時間ではなく"ヒュッゲな時間"になったのです。今では、息子さんたちが夕食のキャンドルをともしているそうですよ。
　キャンドルをともすといった「デザイン」の小さな変化が、大きな効果を生んだのです。夕食のセッティングを変えただけで、家族のふれあいも変わった。心地よく幸せな雰囲気で、夕食のひとときが長くなった。

ということは？　キャンドルのような小さな変化でこれほど大きな効果があるなら、ほかにはどんな“ヒュッゲなデザイン”が、幸せを増やしてくれるのでしょう？　どうすれば、心身ともに満たされる暮らしが送れる空間や場所がつくれるのでしょう？　建築、照明、インテリア、家具をどんなふうに生かせば、生活の質が上がるのでしょうか？　幸せになるデザインとは、いったい……？

　部屋が人の気分にどれほど影響するか実際に経験したことがあるでしょう。ある部屋に入ったとき、ああ、ここにもっといたいな、と感じたことはありませんか？
　それは窓から入る光のせいだったのかもしれませんし、本棚に並ぶ本が魅力的だったからかもしれません。また、自分の家のような心地よさを感じたのかもしれませんね。

　私の仕事は、人がなぜこのように感じるのかを明らかにすることです。幸せについての研究を重ね、より健康で満ち足りた生活を送る方法を探っています。
　10年ほど前、私はコペンハーゲンに「ハピネス・リサーチ研究所」を設立しました。メルヘンチックな響きですよね。日がな1日子犬とたわむれて、風船で遊んで、アイスクリームを頬ばっているところを想像しますか？
　夢をやぶるようで申しわけないですが、そんなことをするのは休日だけです。現実の研究手法は科学的なものです。何年にもわたる調査から得られる膨大なデータセットをもとに、何が幸せの度合いを左右するのかを探っています。

　ハピネス・リサーチ研究所はこの10年、空間や居場所が、心身ともに健康で満たされた生活にどう影響するかを検証してきました。その中で私は、住まいと幸福とのつながりに関心を持つようになりました。そして、環境と感情の結びつきの強さをますます実感するようになったのです。

私の好奇心は、仕事と個人的な理由の両面からふくらんでいきました。研究所では、幸福に関するデータをもとに、疑問を解決しようと取り組んでいます。社会、都市、オフィス、住まい、生活、人生をどうデザインしていくべきか？　といった疑問です。空間をどう使うのがベストなのか、研究からはおどろくほどたくさんのことがわかります。この本で紹介していきましょう。

　研究結果を分析しながら、個人的にも、新しい住まいを見つけて生活の質を上げたいと考えました。私はこれまで、20カ所に住んだことがあります。
　窓から差し込む光が気に入っていた家もありましたし、窓がない部屋で暮らしたこともあります。スペインの小さな町のアパートや、メキシコ第二の大都市のアパートにも住みました。恋人とひどい別れ方をしたあと、床にマットレスとテレビを置いただけの一室を借りたこともあります（名づけて「究極の北欧風ミニマリスト・スタイル」）。それから、私はボーンホルム島に小さな家を持っています。海をながめれば、大丈夫、何も心配することなんかないと思わせてくれる場所です。

　新型コロナのパンデミックで外出が制限されたとき、私は恋人と共に、バルコニーのないせまいアパートに住んでいました。あの時期にです！
　ある朝、起きたばかりの私はとても不機嫌でした（幸せの研究に携わっていようが人間ですから）。不穏なニュースがヘッドラインを飾っていました。感染者数が増加しているばかりか、新たな変異種がミンクからヒトに移ったというではありませんか。ワクチンをまたイチから開発しなければならないかも、という事態です。

　多くの人たちと同じく、私の生活と仕事もパンデミックの影響を受けました。研究所はグローバルに活動していますが、これほど多くの飛行機が地上に留め置かれ、これほど多くの物事が宙に浮いたのは前代未聞です。

通常どおりの研究はできなくなりました。デンマークから出ることなく、オーストリアの小さな町の生活の質を上げるアイデアなど、考え出すのは難しい。そればかりか、新設のハピネス・ミュージアムは、人影のないコペンハーゲンでオープンの日を迎えることになりました。

　個人的には、友だちや家族に会えなくてさみしかったですし、何も心配はいらないんだという感覚がほしくてなりませんでした。

　そんな状況の朝、ミンクがどうだ、突然変異がこうだと騒ぎ立てていると、恋人が私の言葉をさえぎりました。「ウイルスの突然変異はコントロールできないでしょ。コントロールできることに目を向けなさいよ」

　私たちに影響を与える出来事は、コントロールできるものばかりではないですよね。でも、物事への向き合い方はコントロールできます。

　世界が混乱していても、住まいを幸せな場所にすることは可能です。果たして私と彼女は、その日の夕飯のテーブルに好物を並べてキャンドルをともし、有意義で楽しい会話を交わすことができました。朝に不満をぶちまけたことなど、すっかり忘れて。

安全な空間

―――――

　住まいとは、私たちがコントロールできる場所、居心地がよく安全だと感じられる場所です。

　住まいとは、大好きな人たちとのつながりをつくり、よろいを脱ぐ場所です。

　住まいとは、さあ、また頑張ろうという活力を取り戻せる場所です。

　ますます不安定で混乱する現在の世界では、いっそう慎重な行動がもとめられ、ストレスもたまるばかり。住まいは、そんな世界から守られた"安全基地"です。

『大草原の小さな家』の作者、ローラ・インガルス・ワイルダーに言わせると、「ホーム」はこの世でもっともすてきな言葉です。

　新型コロナのパンデミック以前にも、インドア化の傾向は始まっていました。ある研究によると、私たちは1日の約90パーセントを屋内で過ごしています。そして、自宅で過ごす時間はほかよりも長くなっています。

　アメリカで行なわれたある研究では、1992〜1994年の3年間に9,386人の人がどこで時間を過ごしたかを調査しました（26ページ参照）。

　その後も、自宅で過ごす傾向はさらに強まっています。仕事をして、眠って、料理をして、テレビを観て、掃除をして、宿題をして、ディナーにお客さんを招いて。生活の大部分は家が舞台です。

　でも、住まいが心身ともに健康で満ち足りた生活にどうつながるのかは、突きとめられていない部分がまだ多いのです。

どの場所で、
どのくらいの時間を過ごしているか

68.7%
自宅

5.5%
車中

11%
そのほかの屋内

1.8%
バー／レストラン

5.4%
オフィス／工場

7.6%
屋外

環境デザインの分野では、これまでの研究のほとんどが、デザインや建築物が体の健康にどう影響するかが焦点となっていました。近年は、メンタルヘルスや社会的な健全性を重視すべきとの認識が高まっています。

　そして、環境デザインが人の感じ方や人と人とのつながりに影響するという認識が広まりつつあります。

　人はたいてい、人工光よりも自然光を好みます。オフィスには窓がほしいと思うものです。レンガの建物よりは、木々の景色が見たいですよね。単純に美しいものを好むというわけではなく、メンタルヘルスにつながっているのです。

　世界保健機関（WHO）はある大規模な研究で、ヨーロッパの人々の住宅と健康状態の関係を調査しました。それによると、住人がうつになる割合は、家の日当たりが悪い場合は 60 パーセント、窓からのながめがよくない場合は 40 パーセント、そうでない場合に比べて高くなっていました。

　なのに、環境をデザインする際、こうした要素がメンタルヘルス改善のカギとして重視されることはほとんどないのです。

　幸いにも今、1948 年に WHO が示した健康の定義が再注目されています。「健康とは、身体的、精神的、社会的に完全に良好な状態のことであり、単に身体の疾患や衰弱がないという意味ではない」住まいや職場、都市は、体の健康を育むだけではなく、同じく精神的にも社会的にも健全でいられる場所でなければならないのです。

　では、そんな場所がつくれるとしたら、どうでしょう？　幸せな住まいを持つことで、より有意義な会話や人間関係がうながされるとしたら？

　人は幸せをもとめて、さまざまな場所をさまよいます。でも、幸せは、案外身近なところにあるのかもしれません。

　ハピネス・リサーチ研究所は、2018 年にキングフィッシャー社と共同し、ある調査を行ないました。幸せな住まいをつくる要因を明らかにすることが目的です。

10 カ国の 1 万 3,480 人を対象としたこのアンケート調査では、どのくらい幸福を感じているか、住まいにどのくらい満足しているかをたずねました。つぎのページのグラフは、各要因が全体的な幸福度にどの程度影響しているかを示しています。

　調査の結果、自分の住まいに満足している人たちの 73 パーセントが、総じて幸せだと感じていることがわかりました。

　さらに、住まいに対する満足感が、幸せの最大要因となっている人は 15 パーセントにのぼっていたのです。15 パーセントという数字は、さほど大きく見えないかもしれませんね。

　でも、幸せに影響を与える要因がいったいどれほどあるでしょうか。人間関係（結婚している人のほうが平均的に幸福度が高い）、健康（とくにメンタルヘルス）、仕事（有意義かどうか、目的意識があるか）、年齢（グラフにすると U 字型。40 代半ばで幸福度がもっとも下がる）などなど。これだけ多くの要因が幸せを左右するのですから、15 パーセントはかなりの数字です。

　また、デンマーク最大規模の財団であるリアルダニアは、環境づくりを通じて生活の質を向上させる取り組みとして、ある調査を行ないました。

　この調査で、住まいは生活の質に「まったく影響しない」、または「ほとんど影響しない」と答えた人はたったの 7.5 パーセントでした。また、高齢になればなるほど、住まいはより重要になることがわかりました。

　空間や場所は確実に好ましい影響を与え、生活を満ち足りたものにするということに、もっと注目するべきです。周りの空間を変化させれば生活の質が上がる、という認識を高めるべきなのです。イギリスのウィンストン・チャーチル元首相いわく、「私たちは住まいを形づくり、住まいは私たちを形づくる。私たちがどう感じ、どう行動するかに影響を与える」のですから。

あなたの幸福に影響する
最大の要因は？

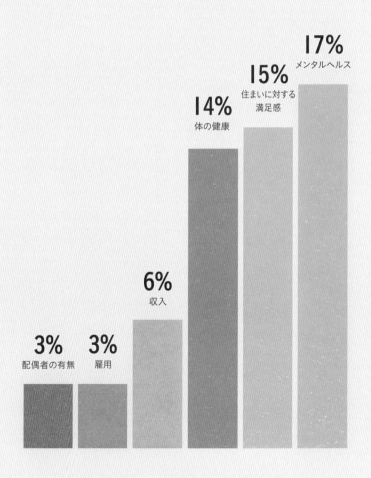

3%
配偶者の有無

3%
雇用

6%
収入

14%
体の健康

15%
住まいに対する
満足感

17%
メンタルヘルス

幸せをつくるには
チェックリスト
———

❏ どの場所に行くと、どのように感じますか？
ある空間にいるときに、リラックスできてくつ
ろげるのはなぜでしょうか？　どの要因を住ま
いに取り入れれば、同じように感じられるかを
考えてみましょう。

❏ どの場所で、どのくらいの時間を過ごしていま
すか？　その場所のデザインや装飾が、自分の
行動にどんな影響を与えているかを考えてみま
しょう。

❏ ちょっとデザインを変えるだけで、大きな効果
があることを忘れずに。ランプの位置を動かし
たり、夕食のテーブルにキャンドルをともした
り。小さなことからでいいのです。

このうえなく
"ヒュッゲな夜"

デンマークでは、1年は13カ月あるといわれています。1月、2月、3月、4月、5月、6月、7月、8月、9月、10月、11月、11月、そして12月です。

　コペンハーゲンの11月。風が強く、薄暗く、湿度が高い季節です。基本的にこの3パターンの嫌な気候の繰り返しです。

　雨つぶが窓にはげしくあたる音を聞いていると、風が建物ととっくみあいのけんかをしているような気になります。キッチンではスープの鍋がコトコトと音を立て、オーブンからパンが焼ける香ばしいにおいがただよってきます。

　予報では、雨と風は明日かあさってまでつづくようです。冷蔵庫をのぞいてみると、あと2日はスーパーマーケットに行かなくても大丈夫。夜はひとりの時間ですが、ニーナ・シモン（訳注：アメリカのジャズ歌手）が相手をしてくれるから、いい気分。

　おそらくイギリスの女流作家ジェーン・オースティンの言葉がぴったりでしょう。

「本当にくつろげるのは、やっぱり家にいるときね」

　お互いを守り合うように、みんなでたき火を取り囲むのもヒュッゲ。嵐が荒れ狂うとき、あるいは冬がやってきたとき、安全な屋根の下で心地よさを見つけること。それもヒュッゲです。

　そう考えると、"ヒュッゲな住まい"をとくに必要とする人たちがいるのかもしれません。

ヒュッゲ──
北方に暮らす人々の心のあり方とは？

────

　興味深いことに、「ヒュッゲ」という言葉がアメリカのどの州で
もっとも検索されているかを調べてみると、あるパターンが浮かび
上がってきます。

　上位を占めるバーモント、ミネソタ、メイン、オレゴン、ワシ
ントンの５州は、すべて北部の州です。一方で、下位を占める州は、
南部のミシシッピ、ルイジアナ、アラバマ、ハワイ、フロリダでし
た。

　同様のパターンが、国ごとにも見られます。
「ヒュッゲ」の検索回数がもっとも多いのは、デンマーク、フィン
ランド、ノルウェーで、もっとも少ないのは、メキシコ、インドネ
シア、インドです。

　どうも赤道から遠ざかるほど、ヒュッゲに近づくようです。
ヒュッゲがもっと必要になるのかもしれません。
　北方の国々では、数カ月つづく寒くて暗い冬が、人々をヒュッゲ
な冬越しへといざなうのでしょう。
　夜のとばりがおりると、みな室内で安心できる場所をもとめ、
キャンドルをともし、毛布を持ちよります。そしてコンロの上で、
心がホッとする食べ物を煮込みます。
　ヒュッゲは、北欧ではなくてはならないもの。少なくとも、北方
で暮らす人々の心のあり方といえます。

アメリカにおける「ヒュッゲ」のグーグル検索率

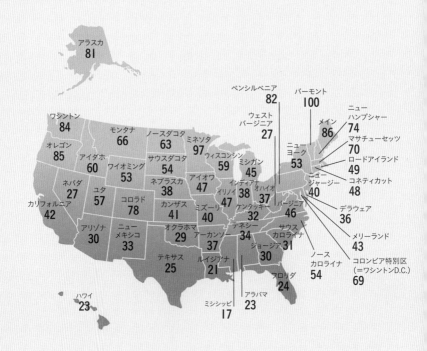

アラスカ 81

ワシントン 84
オレゴン 85
アイダホ 60
モンタナ 66
ノースダコタ 63
ミネソタ 97
ウィスコンシン 59
ミシガン 45
ペンシルベニア 82
バーモント 100
ウェスト バージニア 27
メイン 86
ニューハンプシャー 74
マサチューセッツ 70
ニューヨーク 53
ロードアイランド 49
コネティカット 48
ネバダ 27
ユタ 57
ワイオミング 53
サウスダコタ 54
ネブラスカ 38
アイオワ 47
インディアナ 38
イリノイ 47
オハイオ 37
ニュージャージー 40
カリフォルニア 42
コロラド 78
カンザス 41
ミズーリ 40
ケンタッキー 32
バージニア 46
デラウェア 36
アリゾナ 30
ニューメキシコ 33
オクラホマ 29
アーカンソー 37
テネシー 34
サウスカロライナ 31
メリーランド 43
テキサス 25
ルイジアナ 21
ジョージア 30
ノースカロライナ 54
コロンビア特別区（＝ワシントンD.C.） 69
ハワイ 23
ミシシッピ 17
アラバマ 23
フロリダ 24

0〜100の値で表示。数値が高いほど、
その州における「ヒュッゲ」のグーグル検索率が高い

だれにも邪魔されない
"隠れ家"を持つ

———

　デンマーク人は、だれもが「ヒュッゲ」と共に成長します。「ヒュッゲ」という言葉は、日常に浸透しています。

　それを体現しているのが、私の親友クリスティエンとメッテの娘イングリッドです。
　1歳6カ月のイングリッドは、ある日、小さなプレイハウス（訳注：子どもたちが中に入って遊ぶ小さな家）の中で砂がいっぱい入ったティーカップとお皿でままごとをしていました（この年頃の子どもにとって、砂はキャビアに匹敵するごちそうです）。
　そして、パパとママを見上げて、こう言いました。
　「みんなでヒュッゲしてるの」「ヒュッゲしてるんだ」

　言葉をかみしめるように何度も繰り返し言うのです。言うまでもなく、この子はもう、ヒュッゲをしっかりと理解していますね。
　そして、イングリッドが初めて「ヒュッゲ」という単語をプレイハウスで使ったことは、興味深いことです。
　イングリッドのような小さな子どもでも"安全な場所"はヒュッゲな住まいの一部だと感じているのです。

　数年前、ハピネス・リサーチ研究所は、人々の幸福と住まいの関係を調査しました。ヨーロッパで暮らす50人を対象にインタビューを実施し、自宅を拝見させてください、とお願いしました。また、「ホーム」という言葉から何を連想するかもたずねました。

避難場所。隠れ家。聖域。
基地であり、天国でもある、
エネルギーを補給できる場所

家、そこは、
すべてが安全で、
ドアを閉めれば
外の世界を
シャットアウトできる
ところ、かな

家庭を築く基盤。
隠れ家になる場所

仕事からはなれられる場所。
リラックスして頭を休める
ことができるところ

安心できて、
暖かくて、心地よい場所。
戻りたいところ。
慣れ親しんだところ

隠れ家。自分の城。
安全で、守られていると
感じるところ。
危険を感じることなく、
だれにも邪魔されない。
家の中にいると、
安心できるんだ

その結果、はっきりとしたパターンが浮かび上がったのです。北ウェールズの田舎に住む40代のジェーンも、モスクワ在住の20代のロシア人アリーナも、さらにはスペインのハライス・デ・ラ・ヴェラで暮らす60代のホアンも、同じようなことを口にしたのです。

　「マズローの欲求5段階説」で知られる心理学者のアブラハム・マズローがこれを見てもおどろくことはないでしょう。マズローは人間の欲求を5段階のピラミッドの形で示し、人生の満足度はそれぞれの「欲求」が満たされるかどうかで決まる、と説きました。マズローの説においても、「家」の存在意義は大きそうです。

　住まいは、「安全でいたい」という基本的な心理的欲求を満たすもの。暖を取り、安心して眠れるところが家。人間の根幹となる欲求を満たす場所です。
　CHAPTER 3からは、5段階のピラミッドのより高次の欲求を満たすために、家がどのような役目を果たすか、探っていきたいと思います。他者とつながりたいという気持ち、「理想の自分」になりたいという気持ちは、高次の欲求に含まれます。

　家の中でも、とくに大きな安心感や心地よさを提供してくれる場所があります。

マズローの欲求ピラミッド

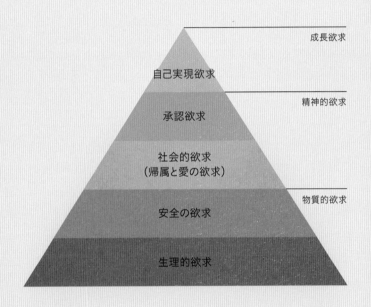

成長欲求

自己実現欲求

精神的欲求

承認欲求

社会的欲求
（帰属と愛の欲求）

物質的欲求

安全の欲求

生理的欲求

赤ちゃんを部屋のすみっこに
寝かせるのもヒュッゲ

　私は今、お気に入りの椅子に座ってこれを書いています。空が澄んだように青く、空気がピリッとした肌寒い11月のコペンハーゲンの朝。窓から太陽の光が私の右手側に差し込んでいます。左側には緑色のソファー、すぐ後ろには植物と小さな本棚。

　部屋のすみっこに座った私からは、3つのドアとピアノとダイニングテーブルがすぐ目に入ります。

　なぜか私はいつも、家の中なのに「ヴァイキングが攻め込んできても大丈夫」な場所を選んで座ります。けれど、壁を背にして座りたいのは、私にかぎったことではありません。部屋全体が見渡せるコーナー（角）なら、なおよいでしょう。多くの人にとって、部屋のコーナーは一等地です。

　それにしても、どうして部屋のすみっこにいるとほっとするのでしょうか。

　安心感？　心地よさ？　ヒュッゲは〝赤ちゃんをすみっこに寝かせるようなもの〟なのかもしれません。

　イギリスの地理学者ジェイ・アップルトンの「眺望─隠れ場理論」を使えば、部屋のすみへの私たちの思い入れを説明できます。この理論によると、人はどこかに腰を落ち着けようと思ったら、だれからも見られることなく、すべてを見渡すことができるかどうか、を決め手にします。

木に背を向けて丘の上に立てば、眺望と隠れ場所を同時に得られるでしょう。洞窟の入り口に座るのも同じで、背後から攻撃されることなく、向かってくるものを見ることができます。

　マズローは人の「安全に対する欲求」を、避難場所を得たあとにかなえる第二の基本的欲求と位置づけています。

　四方を建物で囲まれた、広い芝生の公園にいるところを想像してください。その真ん中に座ることはできますが、何もさえぎるものがありません。それぞれの建物の部屋からだれもがあなたのことを見下ろせます。でも、あなたからはその人たちのことは見えません。ヒュッゲな感じがしますか？　もちろん、ちがいますね。

　ほとんどの人は、真ん中に座るのをためらい、端を選びます。

　でも、隠れられる場所をつくったり、小さなスペースに区切ったりすれば、安全と思える場所にすることもできます。大きく開放的な緑地に半円の垣根をつくれば、そこに座りたくなるでしょう。

　私が自分の大好きな椅子に座るとき、「ヴァイキングが攻め込んできても大丈夫」だと安心するのは、そういうことです。仕事をしている最中に、頭に血がのぼった侵入者が背後から忍び寄る危険などないのはわかっています。そんな危険がなくても、自分を守ろうとするのは人間の本能なのです。

　理由はどうあれ、“こもれる空間”をつくることは忘れないでください。集中するために。元気を回復させるために。

　リビングでも（とくに開放感があって広い場合）、子ども部屋でも、ガーデンでも、やることは同じです。ほら穴や隠れ家をつくって、本やコーヒーカップを片手にくつろげる場所にしましょう。

「家の外での生活」をお手本に「家の中での生活」を改善することはとても重要なことです。ここで、私が個人的にリスペクトする方たちを紹介します。

ヒュッゲの尺度

――――――

「彼は建築家、彼女は心理学者」。いえいえ、アメリカンポップスの歌いだしではありません。ヤンとイングリッドのカップルは、「人」を主体としたアプローチで建築に取り組み、コペンハーゲンを永久に変えてしまいました。どうやってそれを成し遂げたのか、そんな物語です。

　ヤン・ゲールに初めて会ったときのことは、今でも覚えています。「そもそもは、妻のイングリッドなんですよ」と彼は語り始めました。「妻が質問をあびせてきたのです。心理学者なんでね」
　イングリッドは、建築の世界のあり方に疑問を感じていました。

「あなたたち建築家は、なぜ『人』に興味がないの？　なぜ建築の授業では、『人間』について何も教えないの？　なぜあなたもお仲間も、自分に問わないの？　『自分たちが設計する建築物が人にどう影響を与えるか』って」

　そんなシンプルな質問が、世界中で“住みやすい都市”を提案し、つくり上げるというヤンの輝かしいキャリアの出発点となりました。もう60年以上も前のことです。
　どうすれば、「そこに暮らす人の幸福度が増す都市のデザイン」が可能なのだろう？　と考えたのです。

　ヤンが1960年にデンマーク王立芸術アカデミーを卒業したころは、モダニズム運動が盛んでした。それは、商業地区、居住地区、産業地区、文化地区というように、目的によってエリアを区分するという、システム本位の考え方でした。

都市は上空から見た形からデザインされたのです。建築家は建物の写真撮影を早朝に行なっていたので、そこに「人」はいませんでした。

　ヤンが卒業した年に、ブラジルの首都がブラジリアに移転しました。ブラジリアは、何もないところに“上空からながめた視点”で設計されたのです。
　翼を広げた鳥のようなデザインで、壮観です。美しいですね。でも、住みやすかったでしょうか。
　ヤンによると、そうではなかったようです。彼は「くだらん建築」と呼んでいます。

　道路は人ではなく車のためにデザインされていました。人はみな同じ地域に暮らし、町の反対側の同じ地域で働く。そんな都市で生活し通勤するのはどうなのか、建築家はだれも疑問に思いませんでした。“上空から見たら壮観な街並み”も、身長2メートルに満たない自分たちがそこで暮らしたらどんなふうに感じるか、建築家はだれも気に留めなかったのです。

　当時は、社会における人について研究する「社会科学」と「建築」の間に隔たりがありましたし、それは今でも存在します。
　でも、ヤンとイングリッドは1965年にイタリアへ6カ月の研究旅行に出かけ、都市において市民生活はどう繰り広げられているかを探求しました。生活と、街や建物はどう絡み合うのか。街のつくり方は、人間の行動や生活の質にどう影響するのか。

　ヤンとイングリッドは、世界最古の街路や世界に名だたる広場で、市民が都市空間をどのように利用しているのかを観察しました。街路は車ではなく歩行者のために設計され、広場は上空からの視点ではなく、人間の目の高さで見ることができるものに合わせてデザインされていました。

2人は人々が歩く場所や、ぼんやりと座っている場所を記録しました。いつも決まったベンチが最初に埋まるのはなぜだろう？　全体を見渡せるすみにいるのが好きなのか。トスカーナ州シエナのカンポ広場がとてもうまく機能しているのは、どんな要素があるからなのか。

　人々が楽しく時間を過ごしている場所や空間には、類似点があることがわかりました。みんな、「自分が守られていると感じられる場所」を探しているのです。
　犯罪や車の往来だけではなく、風や悪天候も避けられるところ。心地よさとつながりを与えてくれ、座ってくつろぎ、会話のできるスペース。美しい景色を見て喜びを感じ、太陽の光や木陰にやさしく包まれるような場所です。

　人が周りの環境にどう影響されるかを正しく理解するためには、「地上140〜160センチメートルの高さからどのように見えるか」を把握する必要があります。
　これは人間の平均的な目線で、ほとんどの人は、この高さから世界をながめています。これより高い目線からデザインがどう見えるかは重要ではありません。その空間を利用し、そこで暮らす人々の視点から、基本設計がどのように見えるかが大切なのです。ヤンはこれを「ヒューマンスケール（人間の尺度）」と名づけました。

　現在、87歳になるヤンは、60年以上も建築の世界で活躍しています。周囲を建物に囲まれた広場、公園、街路をよりよい空間にして、生活の質を向上させることに専念してきました。
　コペンハーゲンでは、単なる駐車場だった港町ニューハウンを、行楽地に変えました。また、市の中心部にあるストロイエ通りは、もともとは車道でしたが、今では世界でもっとも長い歩行者専用道路のひとつになっています。
　ヤンが尽力したこれらのプロジェクトは、人々が都市をどう楽しみ、どう感じるかを変えてきました。

ヤンは2000年にゲール・アーキテクツを設立し、「ヒューマンスケール」を活用して「住みやすい空間のつくり方」をシドニー、上海、サンフランシスコ、サンパウロなど世界中の都市でアドバイスしています。それはつまり、空間と人間がうまく調和するための処方箋です。

　「『ヒュッゲ』を引き合いに出して、ぬくもりのある、くつろげる空間にしましょう、と言うわけです」
　2014年の『ガーディアン』紙のインタビューで、同社のディレクターであるリカルド・マリーニ氏は、こう答えています。
　「ビジネスライクな輩は、こちらの顔をまじまじと見てこう聞くかもしれません。『それがどう関係あるんだい？』……そうですね。空間を整えれば、みんなが長居したくなるでしょう」

　私が2回目にヤンと会ったのは、2009年にコペンハーゲンで国連の気候サミットが開催されている最中でした。私は市役所での討論会を企画しました。市のプランナーと政策担当者が集まって、どのような都市計画が二酸化炭素排出量の削減につながるかを検討するためです。
　参加者は20名。私は4つのテーブルをくっつけて、大きなテーブルをつくり、全員が座れるようにしました。そこへ到着したヤンは、テーブルの配置を一目見て、これではダメだ、と言いました。
　「全員がもっと近づいて座る必要があるね。お互いの声が聞こえて、顔が見える位置に。今日中に合意に達するための、基本中の基本だよ」

　そのとき私は気づいたのです。「ヒューマンスケール」は当時、都市や建物など大きな建築にかかわる基本原理でした。でも、建物の中、私たちの生活そのものにも「ヒューマンスケール」を見失ってはいけないのだと。

100 平方メートルの広い部屋に座っていると想像してみてください。

　ソファー、椅子、そしてコーヒーテーブルがあります。部屋の真ん中には、天井からペンダントライトがひとつ下がっています。ほかには何もありません。

　ヒュッゲな感じがしますか？　午後はそこで、本でも読みながら過ごしたいですか？　たぶん、そうは思いませんよね。

　大きな部屋がガランとしていると、物足りなさを感じます。極端なミニマリズムは、ヒュッゲではありません。

　部屋がせまければ、家具が役に立ったかもしれません。あるいは、広い部屋でも、目や感覚を楽しませるものがあればよかったのです。ぬくもりのあるもの、肌触りのよいもの、旅への気持ちをかき立てたり、過去の冒険を思い出したりするものなどです。

　植物は活力を与えてくれます。本があれば、思索にふけったり、本の世界にどっぷり浸ったりできます。ラグや絵画のぬくもりや質感が、恋人たちの話し声を、ささやきに変えます。

　天井からの均一なあかりをやめて、ところどころにあかりを置きましょう。ソファーのそばのフロアランプが、こうささやきます。「棚から本を取ってきて、ここでくつろいで」

　部屋のすみでは、地球儀があなたの想像力を旅へといざないます。それぞれが空間のヒュッゲの度合いを高め、そこで過ごす午後はとっておきの楽しみになることでしょう。

　家が広くてもせまくても、「ヒューマンスケール」はかならず応用できます。五感を楽しませてくれるものを加えましょう。

　そこで望む暮らしを実現するには、身の回りをどうつくり上げていけばよいか、考えましょう。

子どもの尺度を忘れずに

―――――

　子どものころ、ほら穴づくりが大好きでした。シャベルで地面を掘ることもあれば、部屋で毛布を使うこともありました。母は後者のほうがありがたかったでしょうね。

　ふたつの椅子に大きな毛布をかければ、椅子と椅子の間の空間は、"ヒュッゲなとりで"になります。小さなカウボーイは、よくそこで一夜を過ごしたものです。

　ヤンは、地面から140〜160センチメートルの高さの目線でどう都市を設計すべきかを語っていますが、私は、子どもが低い目線から何を体験しているのかを気にかけることも、大切だと思います。

　ひざをついてみてください。"地上1メートル"の景色はどうですか？

　どのくらいヒュッゲですか？

　階段下のスペースは、子どもにとってこのうえないヒュッゲなコーナーになるかもしれません。ハリー・ポッターのファンであれば、なおさらです。

クッション、枕、ラグ、ブランケット……
「やわらかさ」はヒュッゲの重要ポイント

アンデルセンの『えんどう豆の上に寝たお姫さま』という童話をご存じでしょうか（彼はデンマーク人なんです）。

むかしむかし、ある嵐の夜、雨でずぶぬれになった若い女性が王子の城にやってきて、「ひと晩泊めてください」と言いました。

自分はお姫さまだと名のりましたので、城のお妃さまは、それが本当かどうかを確かめることにしました。試しにひと粒の豆を女の人が寝るベッドの上に置き、その上に敷き布団を20枚、羽毛の掛け布団も20枚敷きました。

翌朝、女の人はお妃さまと王子さまに、「ベッドの中に何か硬いものがあって、ひと晩眠れませんでしたわ」と伝えました。女の人の体には、あざができていました。背中のあざは育ちのよさの証拠となり、女の人は本当のお姫さまであることがわかったのです。

この物語は1835年に出版されましたが、当時のデンマークでは何の教訓もないと批判されました。

私もこの物語は好きではありません。でも批判はまちがっています。この物語には、じつのところ、ある教訓があります。枕ですよ、枕。快適な睡眠には、やわらかな枕は欠かせません。ヒュッゲの難易度は、高くなんかありません。質の高いヒュッゲな休息には、"やわらかさ"が必要なのです。

心地よく最高にヒュッゲな家をつくるためには、クッション、枕、ブランケット、ラグなど、家の中にやわらかいものを足しましょう。

家族や友だちが集まって、「寄り添う」ことができるスペースをつくるのです。体を包み込んだり、その上に座ってくつろいだりできるなら、ヒュッゲですね。

　自分に聞いてみましょう。つまずいて転んだとき、これは私を受け止めてくれるかしら？　毛布なら、大丈夫です。プラスチックのテーブルでは無理ですね。ふわふわの毛皮のついたヴァイキングのヘルメットは、その中間でしょうか。

　クッションは、ソファーに置くためだけのものではありません。硬い椅子の座面に敷いてもいいし、床に置いてもよいでしょう。
　枕といえば、オプラ・ウィンフリーを思い出します。彼女が司会をするテレビ番組の名場面「あなたは車を手に入れたわ！（You get a car!）」のパロディーです。
「あなたは枕を手に入れたわ！（You get a pillow!）」

幸せをデザインするヒント

ヒュッゲなエリアの小道具

　広い部屋がある人やワンルームマンションに暮らす人は、目的や気分に合わせて部屋をいくつかのエリアに分けるという感覚を身につければ、部屋はもっとヒュッゲになるでしょう。

　たとえば、人とコミュニケーションをとったり、食事をしたりするところ、読書ができて安心してくつろげるところ、というように。

　いくつかのアイデアを紹介しますね。

1. ラグは、部屋の中にエリアをつくるのにうってつけです。何より手軽です。織物のやわらかな手触りが部屋の "ヒュッゲポイント" を高めてくれます。

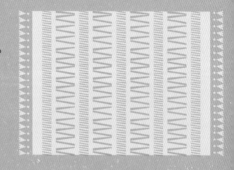

2. エリアごとに種類の異なる照明を使いましょう。部屋の真ん中に、天上からペンダントライトを1個だけ吊るすのはダメ。ディナーテーブルがあるなら、ペンダントライトはその真上に吊るし、ソファーのそばやリビングでは、フロアランプやテーブルランプを使います。

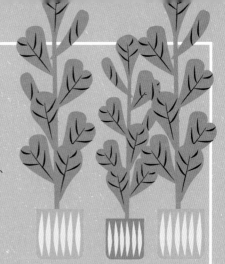

3. 仕切りを置くかどうかを考え
   ましょう。たとえば、オープ
   ンシェルフのような、光を通
   す仕切りを使うのが理想的。
   植物を置くのもいいですね。
   成長すると間仕切りになって、
   その向こう側ではヒュッゲを
   堪能できます。

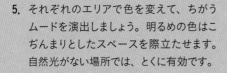

4. やわらかい素材を使って、座る場所
   をつくりましょう。ソファーを置くス
   ペースはないけれど、心地よい読書
   エリアがほしい場合には、ビーンバッ
   グチェア、座布団、クッションを使
   います。気分に合わせて、くつろげ
   る場所が簡単につくれ、かぎられた
   スペースを柔軟に活用できます。

5. それぞれのエリアで色を変えて、ちがう
   ムードを演出しましょう。明るめの色はこ
   ぢんまりとしたスペースを際立たせます。
   自然光がない場所では、とくに有効です。

公共の場とプライベートな場の間

　カルトフェルラッケルンは、デンマークでもっとも建築事務所が集中する地域だといわれています。「ジャガイモの列」という意味の地名です。数世紀前に、この地でコペンハーゲン市民の食料となるジャガイモが栽培されていたことに由来します。現在でも、テラスハウスの並ぶ11の街路は、上空から見るとジャガイモの列のようです。

　12月のある曇り空の日、私は通りを歩いています。雪は降っていませんが、寒くてどんよりとしています。太陽はもう何日も顔を出していません。それでも子どもたちは、通りで遊んでいます。
　2人の子どもが、プレイハウスでままごとの紅茶を売っています。私はそれをひとつ注文し、お金の代わりに"ユグドラシル"という名の空想の恐竜を渡します。最高の買い物でしょう？

　ここは、整備されたパブリックスペース（公共の場）です。架空の恐竜をつれて、堂々と歩くことができます。
　パブリックスペースの対極にあるのが、個人の家。そこは完全にプライベートな空間で、紅茶の売り込みをされることもなく、食事をしたり眠ったりします。

　パブリックスペースからプライベートな場にいたるまでには、いくつかの段階があります。半公共のスペースと半プライベートのスペースです。

　たとえば、前庭のある家は、お隣さんとおしゃべりをしたり、通り過ぎる人に会釈をしたりしますね。裏庭のある家もあります。

裏庭はお隣さんとの距離は前庭と変わらないので、お互いを見かけることはあります。でもおもしろいことに、裏庭でお互いを見かけても、声をかけないという暗黙のルールがあります。そこでおしゃべりすることはありません。

　これが、半公共（前庭）のスペースと半プライベート（裏庭）のスペースのちがいです。

　ヒュッゲな住まいも、さまざまなタイプのプライバシーを尊重する、プライベートな避難場所であるべきだと思います。

　プライバシーとは、ひとりになることだけを指すのではありません。自分に近づいてくるものをコントロールする機会のことでもあります。他者からはなれて、互いの意思を尊重することなのです。

　だれにとっても、"ただの自分"でいられる場所が必要です。ええ、私たちは互いに外にいて、あなたには私が見えるでしょう。でも今の私はただ、自分を包んでくれる場所にこもっていたいのです。

　人は、だれかとかかわりたい気分のときもあれば、ひとりでいたいときもあります。だれかとつながる時間と、自分を見つめるための時間が存在します。そのときどきの気分に合う居場所を確保しておきましょう。家の中と外のどちらにもです。

ヒュッゲで冬支度

———

16歳のとき、オーストラリアのニューサウスウェールズ州で1年を過ごしました。街にほど近い農場にいたこともあります。放課後は馬に餌をやったり、脱走した羊をつかまえたりするのを手伝い、夜は暖炉の前で過ごしたものです。

ラーク・ヒルは美しい農場で、中でも私はパントリーが大好きでした。そこにはピクルスやチャツネなど心安らぐおいしいものが詰まった瓶や缶が並んでいました。

トールキンの小説『ホビットの冒険』の最初のページには、じつにたくさんの「食物ぐら」のある快適そうなホビット穴が登場します。トールキンはこう書いています。

「金を溜め込むことよりも、食べ物と喜びと歌に価値を置く人が増えたなら、ここはもっと陽気な世界になるでしょう」

私も同じ意見です。食べ物が十分に蓄えられたパントリーは、私たちの心を温めてくれます。

身の回りで何が起こっていても、家には食べる物と、食べ物でいっぱいのパントリーや冷蔵庫、キッチン戸棚がある。そこなら、自分でコントロールできない出来事が起こっても、ヒュッゲなまま安全に避難することができます。

猛吹雪でも、世界的規模のパンデミックでも。ヒュッゲとは、外の嵐から守られているという感覚です。冬支度という感覚でもあります。

住まいのパントリーを食べ物でいっぱいにすることは、人々（とホビット）が生き抜く支えとなります。

古来より、人々は食料が豊富にある時期に余った分を冬に備えて貯蔵していました。現在でも、日干し、塩漬け、酢漬けにしたり、ジャム、ザウアークラウト、キムチなどをつくったりしますね。エルダーフラワー（セイヨウニワトコの花）の香りは、私が子どものころの幸せな記憶につながっています。母が夏に、鍋で煮出していたのです。

　私は夏の間、バルト海に浮かぶ小さな岩の島、ボーンホルム島で過ごします。デンマークでもっとも美しい場所のひとつでしょう。わが家はセイヨウミザクラの森に囲まれています。森の中には、ラズベリー、ブラックベリー、イチジク、リンゴなどを収穫できるすばらしい場所もあります。

　夕方は果物やベリーの収穫に費やし、日曜の午後はジャムやチャツネ、デンマークの伝統的なクリスマスデザートにかける温かいチェリー・ソースづくりにいそしみます。何度くりかえしたかわかりません。
　手づくりの夏がクリスマスにつづくなんて、とてもすてきな幸せのレシピですね。

　木はくりかえし温かさをもたらします。斧で割るとき、積み上げるとき、家の中に運ぶとき、燃やすとき。ストックが十分にあるパントリーも同じ。食べ物をしまうとき、探すとき、料理するとき、保存するとき、食べるとき、心の安らぎとヒュッゲを何度も与えてくれます。

　ヒュッゲとは、プロセスを楽しむことに尽きます。そう、のんびりやることです。
　おいしいものを食べるのが待ちどおしいという気持ちがあれば、静かな冬の夜に家で毛布にくるまるのが楽しくなるでしょう。
　たくさんの楽しみがストックされていて、完璧なヒュッゲの瞬間を迎える準備はばっちり、家にいるこの時間を豊かに過ごしましょう。

あなたの夜を特別なものにして、何かが足りないなんて少しも感じないこと、それがヒュッゲです。

食料を保存して小さなパントリーをつくることは、自然の季節の移り変わりを理解し、尊重することでもあります。

デンマークでは、イチゴは1年中育つものではありません。真冬にスーパーに並んでいるイチゴは、おいしくもなければヒュッゲでもありません。

季節のものを食することは、いつ何を食べるかを見直すことでもあります。地元で栽培、収穫されたものを食べたり保存したりすることにつながりますね。

私の保存食トップ 10

1. 塩漬けレモン
2. エルダーフラワーのコーディアル
   （ハーブを漬け込んだドリンク）
3. ドライ・マッシュルーム
4. ローズヒップのチャツネ
5. ビートの根のピクルス
6. チェリー・ソース
7. 焼きピーマンのオイル漬け
8. キムチ
9. ブラックベリー・ジャム
10. イチジクのラム酒漬け

幸せをデザインするヒント

冷凍庫の在庫リストを、スマホにメモする

　冷凍庫に何かを入れるとき、こんなことを考えませんか。

「これはボロネーゼ。大丈夫、３カ月経っても忘れないわ」

　ところが３カ月後には、茶色っぽい残り物の入った別の保存容器があと３つほど、冷凍庫に追加されています。

　そうなると、凍った茶色いかたまりが何なのか、正確に判別するのはむずかしくなります。

　残り物の容器には、かならず中身を書いたシールを貼っておきましょう。

　それにプラスして、冷凍庫の在庫リストをスマホにメモしておき、そのつどアップデートするのは、とてもおすすめ。

　帰宅するのが予定より遅くなっても、冷凍庫に残り物があれば、鍋に入れて火にかけるだけで、ほら！　ディナーのでき上がりです。

　ラムのキャセロール、ミネストローネ・スープ、カモのラグーは、私を助けてくれる定番のほんの一部です。

幸せをつくるには
チェックリスト

————

❏ 住まいのどこかに、自分を守ってくれると感じ
られる場所をかならずつくりましょう。「ヴァイ
キングが攻め込んできても大丈夫」な場所の確
保も忘れずに。

❏ ヒュッゲな住まいには、プライベートな空間と、
人とかかわる空間の両方をつくるようにしま
しょう。公共の場からプライベートな場にいた
るまでには、いくつかの段階があります。それ
を明確に区別して、空間をつくりましょう。社
会的活動と上質なひとり時間にぴったりの場所
を、それぞれ確保することです。

❏ ヒューマンスケールを使いましょう。どうすれ
ば、ふとほほえんでしまうもので空間を満たす
ことができるでしょうか？

❏ ヒュッゲをストックしましょう。外が嵐のとき、
どうすれば家の中で心地よく過ごせるのかを考
えましょう。もしも3日間、雪で外出できない
としたら、パントリーに何があったらいいと思
いますか？

このうえなく"ヒュッゲな夜" **73**

CHAPTER

3

幸せな
暮らしのための
あかり

今から6千数百万年前に突然、恐竜は絶滅しました。巨大な隕石が地球に衝突し、大気中に散った塵で何年も太陽光がさえぎられたためと考えられています。

そして、デンマーク人が過ごす1月もまさにこんなふうなのです。ある年の1月の気象を10日間チェックしてみても、太陽を拝める日は1日もありませんでした。冬にはなかなか陽が当たらないのです。

こんな調子ですから、私たちデンマーク人は、まるで蛾が炎に吸い寄せられるように太陽の光に引き寄せられます。そのせいで私は、傷を負ってしまったことがあるくらいです。

15年前のある朝のこと。私は、結婚式に参列するために滞在していたイタリアのシエナ郊外のカントリーハウスで目を覚ましました。ほかのゲストたちがまだ眠るなか、階下のキッチンへ行き、直火式エスプレッソメーカーにコーヒーの粉と水を入れて火にかけました。キッチンには小さな四角い窓があって、色づいた秋の野原と澄んだ青空が見えます。

何だか幸せな気分になって、新鮮な空気を思いっきり吸い込みたいなあと、窓から顔を出しました。

が、なんと、窓は閉まっていたのです。頭でガラスを割ってしまい、家じゅうの人が目覚めるという始末。

デンマーク人にとって、太陽の光は危険なまでに魅力的なのです。

だからこそ、春になって冬眠から目覚めたデンマーク人は、だれもが「猫」になります。日光浴ができる場所を探しもとめるのです。もちろん、太陽の光をもとめるのはデンマーク人だけではありませんが。

家を購入するとき、日当たりは重要なポイント。日当たり良好な物件は、室内に自然光を取り入れられるので、多少値段が高くても手に入れたがるものです。

幸せな暮らしのためのあかり **77**

マサチューセッツ工科大学の不動産イノベーション・ラボは、オフィス用物件の日当たりにどのくらいの価値があるかを調べました。調査はマンハッタンにある 5,145 の商業用オフィス物件をサンプルとし、賃料に影響を与える日当たり以外の要因を適切に処理しながら行なわれました。

　その結果、日当たりのよい物件は 5 〜 6 パーセントほど賃料が高いことがわかりました。

　不動産に大事なポイントは 3 つあるといわれます。1 に立地、2 に立地、3 に立地です。

　でもヒュッゲな住まいに関していえば、1 に明るさ、2 に明るさ、3 に明るさ。

　住まいに自然光を取り入れ、自然光を最大限に生かして室内をアレンジすれば、電気の使用量が少なくてすみます。お財布にも地球にもやさしい。読書スペースは窓辺に決まりですね。

　ハピネス・リサーチ研究所でも、「明るさ」が幸せにどうつながるのかを探る調査を行なってきました。その結果、家の明るさを 0 〜 10 の 11 段階で 7 以上と評価する人は、幸せな 1 日を過ごしていると回答する割合が、そうでない場合に比べて 11.7 パーセント高くなっていました。

　そして、家に入る自然光の量に満足している人は、その家に対する満足度が 10 パーセント高いこともわかりました。

　明るい空間は広く感じるもの。窓を取りつければ、せまくてきゅうくつな部屋が広く見えるという結果も出ています。何より、太陽の光は日々の健康と夜の睡眠に重要な役割を果たしているようです。

体内時計のリズムを保つカギは
自然光にあり

　エジソンが電球を発明してから、そろそろ 150 年。今ではいつでも簡単に「明るさ」は手に入ります。スイッチひとつで部屋がぱっと明るくなるのですから、私たちは、太陽に反応するのだということを忘れてしまいがち。

　そこで、時計の針を少し巻き戻し、エジソンの発明以前の時代へ行ってみましょう。

　1729 年、フランスの科学者ドゥ・メランは、オジギソウについての実験を行なっています。オジギソウの葉は日中に開いて夜閉じることから、彼は葉が太陽の光に反応していると考えたのです。

　これを確かめるために、オジギソウを何日間か真っ暗な戸棚にしまいました。おどろいたことに、オジギソウは暗闇でも 1 日の周期を保ち、葉を日中に開いて夜閉じたのです。

　植物は「太陽を見ることなく、感じることができる」のだと、彼は結論づけました。体内時計という概念の最初のヒントとなったエピソードです。

　それから約 300 年近く経ったある日、マサチューセッツ州にあるマイケル・ロスバッシュ氏の自宅の電話が鳴りました。まだ朝の 5 時です。「そんな時間に電話が鳴るのは、たいてい、だれかが亡くなったときだよね」と、彼はのちに述べています。

　幸い電話はノーベル委員会からで、ロスバッシュ氏と同僚（メイン大学のジェフリー・ホール氏、ロックフェラー大学のマイケル・ヤング氏）が、ノーベル生理学・医学賞を受賞したという知らせでした。

サーカディアンクロック（体内時計）についての数十年にわた
る研究が評価されたのです。「サーカディアン」とは、ラテン語
で「約1日、概日」を意味します。3人は、人間を含めた動植物が、
地球の自転周期に合わせて生体リズムを同調させていること（サー
カディアンリズム）を突きとめたのです。

　サーカディアンリズムの何がすごいかというと、生きものが、実
際の日の出や日の入りに反応しているのではなく、日の出日の入り
の予測にもとづいて反応しているということ。
　ドゥ・メランはこの点を誤解していました。のぼる太陽に反応す
るのではなくて、太陽がのぼると予想して反応するのです。
　あらゆる動植物の行動が「明」と「暗」の周期で決まるなんて、
何ともすばらしいではありませんか。

　サーカディアンリズムはさまざまな生体リズムを調節しています。
1日の中で、化学物質やホルモン、たとえば睡眠に関係するメラト
ニンなどを分泌するタイミングを計ってくれています。
　つまり、太陽の光は、私たちが起きているべき時間に目覚めさせ
てくれて、夜には安眠を導いてくれるのです。それだけでなく、気
分や健康にも影響を与えています。

　季節性感情障害（SAD）は、毎年同じ時期に生じる抑うつ症状
をあらわす言葉として、1980年代半ばから使われ始めました。でも
1806年にはすでに、フランスの精神科医フィリップ・ピネルが
「精神疾患」に関する論文の中で、「12月と1月、寒さが始まると
き」に症状が悪化する患者がいると指摘していました。

　昨今、SADに光療法が取り入れられています。毎日30分間、1
万ルクスの人工光を1〜2週間当てるというものです。
　ハピネス・リサーチ研究所でも、光療法の器械を試してみたの
ですが、太陽が大好きな同僚でさえも1、2回使って終わりでした。
この器械はハピネス・ミュージアムの一室を照らしています。

日常生活では、屋外にいる時間はせいぜい2時間といったところでしょうか。平日はその2時間すら取れないかもしれませんね。1日の平均日照時間が7時間しかない真冬のデンマークではそれすらも至難の業です。

　週末になるべくたくさん日光を浴びておいて、平日は窓のそばで仕事をするというのも一案かもしれません。

　最近、デンマークのオーフス大学病院が、オーフスで働く3,000人を対象に日光とうつ病の関係を調べました。その結果、日中に2時間を屋外で過ごしている人は、うつ病になるリスクが40パーセント低いことがわかりました。
　さらに、日光不足とうつ病の関連は、デンマーク以外の場所でも見られることがわかっています。

　WHOは2002〜2003年、住宅が心と体の健康に与える影響を探るアンケート調査を行ないました。調査対象は、リトアニアのビリニュスからポルトガルのフェレイラ・ド・アレンテージョまで、ヨーロッパの8都市です。

　調査では、3,373戸に住む8,519人に290の質問をしました。「この1年、十分な日光を浴びた」「家に自然光が十分入らないため、晴天でも電気をつける必要がある」といった項目にどのくらい当てはまるか答えてもらいました。

　調査対象者の健康状態については、うつ病にかかったかどうか、またはうつの自覚症状（睡眠障害、活動に対する意欲の低下、自己肯定感の低下、食欲不振など）があるかどうかをたずねました。

調査の結果、家の中の「自然光」が十分でないと答えた人は、うつのリスクが高いことがわかりました。まず、調査対象者のうち13パーセントが、うつ病と診断されるか、またはうつの主症状を3つ以上自覚していました。

　次にうつに関連する要因を適切に考慮に入れて分析した結果、うつ病と診断されている回答者は、自然光が十分に入らない家に住んでいる割合が、うつ病と診断されていない人よりも40パーセント高いことがわかりました。

　さらに、うつの主症状が3つ以上ある回答者が「家の自然光が不十分である」と答えた割合は、「十分である」とする回答者よりも60パーセント多かったのです。

　コペンハーゲンの基幹病院であるリグスホスピタレットが、うつ病患者の入院期間を調べたところ、日当たりのよくない北西向きの部屋に入院した患者は、退院までに平均59日間かかっているのに対して、日当たりのよい南東向きの部屋の患者は平均29日で退院していました。

　この病院では現在、脳が自然光だと錯覚する人工光「ダイナミックライト」を利用して、日光がうつ病患者にもたらす効果をさらに探っています。

　デンマークの介護分野でも、現在30以上の高齢者施設でダイナミックライトが取り入れられていますが、いずれも好ましい結果が見られています。

　今後、日光のリズムをまねた人工光がますます使われるようになりそうです。次に、人工光で心を落ち着ける方法を見ていくことにしましょう。

　室内に日光を取り入れる方法はたくさんあります。
『建築について』（De Architectura）は、紀元前30〜前15年に古代ローマの建築家、マルクス・ウィトルウィウス・ポッリオが記した、建築に関する全10巻の書物です。建築に関するあらゆることが網

羅されています。

　都市計画、神殿、水道橋からスクリューポンプ、城を攻めるための兵器まで。この書物は、ローマ皇帝アウグストゥスに献上されました。

　ウィトルウィウスの名は、レオナルド・ダ・ヴィンチが人体の理想的なプロポーションを描いた「ウィトルウィウス的人体図」でおなじみです。

　ウィトルウィウスによれば、優れた建築物は「耐久性」「機能性」「芸術性」の３つが必要で、今では「ウィトルウィウスの３原則」として知られています。

　彼は、部屋の採光に適した窓の大きさも検証しました。奥行きのある部屋では、窓から遠い場所には日光が届きにくいですから。

　ウィトルウィウスは、窓から十分に光を取り入れるには、部屋の奥行きは窓の高さ（縦の長さ）の最大４〜５倍までに抑えることと推奨しています。つまり、窓の高さが１メートルなら、部屋の奥行きは４〜５メートルまで。

　ですが、古代ローマから時を経た近年、奥行きと窓の大きさの比率を自在に変える建築家が多くなりました。ほかにも、室内の日当たりをよくする工夫はたくさんあります。

幸せをデザインするヒント

日光を取り入れるために気をつけたい7つのこと

まず、窓をピカピカに

何より、窓が汚れていると、光が通りにくくなります。また庭木が室内に入る日光を邪魔していませんか？　窓近くの木々はこまめに整えましょう。ほかにもガラス面をなるべく広く取れるように、窓枠をスリムにするのも一案です。

うわっ！　キラッキラッ！

鏡やガラスのキャビネットなど、反射する素材をうまく利用すれば、光を部屋の奥まで届けられます。床もつや出し仕上げのフローリング、またはセラミックタイルや石の床など反射しやすいものを使えば、じゅうたんやラグよりも部屋が明るくなります。

色調を生かす

北欧風ミニマリスト・スタイルの家の写真を見たことがあるなら、壁が白色なのはおなじみですね。白の色調は部屋に入る自然光を反射させて、空間を明るく見せてくれます。

窓の取りつけ位置も重要

窓は、高いところにあるほど室内が明るくなります。位置が高いと自然光がたっぷり室内に入って、部屋全体に広がるのです。低いと、窓の周りにしか光が届きません。ですから、たいていは大きめの窓は低い位置に、小さめの窓は高い位置に取りつけられています。

光をさえぎるものをなくす

床から天井までを覆ってしまう物がある場合、それが必要かどうか考えてみましょう。仕切りやパーテーションでも十分ではないでしょうか？　部屋の上部に光が差し込む隙間があるものを使えないでしょうか？

天窓という手も

天窓は、通常の窓の2倍もの日光を取り込めるので、日当たりの悪い部屋にも効果的。ただし、外の景色は見えません。空がわずかに顔をのぞかせるだけですから、かしこく取りつけましょう。

バランスを考えて

プライバシーとのバランスも大切。大きな窓から日差しをふんだんに取り込むのもいいですが、プライバシーを確保したいものです。窓を高い位置に取りつけ、植物を置いて外から見えないようにするのも一案。

幸せをデザインするヒント

日当たりを考えたアレンジ

　太陽の光は心身の健康にとても重要だということを心に留めて、住まいのデザインや飾りつけを考えましょう。

　窓の近くに家具を置いて日の光をたっぷり浴びましょう。

　できることなら、1日の太陽の向きを基準にデザインを考えたいもの。

　私自身は、朝日が差し込む窓辺に仕事用のデスクを置き、夕日が入る部屋で夕食をとっています。

　要するに、猫のまねをして、光の差し込むところに陣取ればいいのです。

子どもたちを落ち着かせるあかり

―――――

「あかりが子どもたちを変えるなんて、思いもよりませんでした よ」と、ハイジは言います。彼女は、オーフスのフレデリクスビャ ウにある小学校の先生です。

全体に、ホッキョクグマ・クラスはうまくまとまっています（こ れはクラス名）。でも1日が終わりに近づくと、集中力がつづかな い子どもが出てくるようです。

ハイジはこう言っています。
「集中できなくなって、床を転げまわる男の子もいます。シーリン グライト（天井に直につけた照明）がついていると、子どもたちは どこにでも寝転がっていいと思うらしくて。
　でもペンダントライトをつけると、みんなテーブルに向かって集 中するんです。蛾みたいですよ。光に引き寄せられて、テーブルに 向かうんです。今は課題をやる時間だ、ってわかるんですね」

教室のペンダントライトは、電球はひとつで、暖色のあかりを 放つタイプ。壁や天井から吊り下がっています。ハイジの経験では、 この照明のおかげで集中しやすい環境ができて、子どもたちの気が 散らなくなるとのこと。

「みんな、同じあかりの下にいる仲間とお話をします。小さなコ ミュニティーができるんです。あかりを変えただけで、こんなに大 きな効果があるなんて、おどろきでした」

ペンダントライトのあかりは暖かく、心地よい光のゾーンをつくってくれます。わが家を思い起こさせるような、安全でやすらぐ雰囲気が生まれるのです。

「子どもたちも、このあかりのほうがヒュッゲらしいねと言います。学校では長い時間を過ごすので、居心地よくしてあげたいものですね」

　これは、子どもたちだけではなくて先生たちにもメリットがあります。ペンダントライトに照らされたテーブルを囲んで子どもたちが小さなグループをつくると、教室が静かになるのです。

　この学校は、イムケ・ヴィース・ファン・ミル氏がインダストリアル Ph.D.（訳注：企業に所属しながら博士号を取得する課程）で行なった実験の参加校でした。

　実験にはヘニング・ラーセン・アーキテクツとデンマーク王立芸術アカデミーが共同参画し、科学的知見に裏打ちされた人間主体のデザインを取り入れて、よりよい学習環境をつくる方法を探りました。

　ミル氏は、教室内の騒音に注目しました。4つの教室で、均一で味気ない白色のあかりをペンダントライトに交換して騒音を測定したところ、学習時間中の約75パーセントで騒音が1〜6デシベル低くなっていました。

　1デシベルのちがいは人間にはほとんど感じられませんが、3デシベルでは気づきます。6デシベルともなると明らかにちがいがわかります。

　フレデリクスビャウの小学校の事例から、あかりがいかに重要か、行動をどう形づくるかがわかりますね。そして室内のあかりをデザインするとき、どんな要素を取り入れればいいかという参考にもなります。

室内のあかりを選ぶには、4つの要素を考えます。

「空間」「時間」「光の色」「光の強さ」です。

「空間」とは、その空間の中で、どのように光を配分するかということ。

「時間」とは、1日の時間帯によって光をどのように使うか、という選択。朝は明るい照明に、夜は暗めの照明にする、などです。

「光の色」とは、色のある光か白色光か、暖色か寒色かといった選択。

「光の強さ」とは、明るいか、薄暗いか、その中間か、など。

　どの部屋にどのタイプの器具やあかりを使うかを決めるには、部屋の使い道を考えることが大切です。

　一般的なオフィスとリビングの照明はちがいますよね。オフィスではたいてい、明るく白っぽい、均一で一定したあかりが使われるでしょう。

　リビングのあかりは暖色か、または少し色があって、分散しています。

　なにも考えずに、照明器具を選んでしまうことってありますよね。ランプの外観にほれ込んでしまい（私も身に覚えあり）、どんなあかりを照らしてくれるのかを確認しなかったり、必要な機能が頭になかったり。

　照明をどこに置くか、どのような場面で使うのか、その部屋をどんなムードにしたいのかも心に留めなくてはなりません。夕食やワインを楽しむには、暖色のやわらかなあかりだと雰囲気が出るでしょう。食後にお皿を洗うときは、手元がよく見える照明がいいですね。

　同じ部屋をちがった目的で使う場合もあるはず。

　私の家のダイニングテーブルは、夕食をとるだけではなく、執筆作業をしたりボタンつけをしたりする場所でもありますから、それぞれに適したあかりが必要です。

何をするかに合わせて、さまざまな照明器具やあかりの種類を組み合わせるとよいでしょう。

　天井には部屋全体を明るくする照明を取りつけて、とくに明るくしたい場所を集中的に照らすランプを置く、などです。

　ムードを出したいときには、下向きの照明がいいです。

　あかりを調節しにくい部屋もあります。光沢のある床や金属のテーブルは光の反射が起こりますし、天井が低いとペンダントライトは吊るしにくいでしょう。梁があると、光がさえぎられてしまうことも。

　でも、あかりの選択肢は豊富です。スイッチひとつで部屋のヒュッゲの度合いを上げる方法はかならず見つかりますよ。

幸せをデザインするヒント

照明選び

　照明のスタイルや器具を選ぶ前に、まずはどんな目的であかりを取り入れるのかを理解することが大事です。ここで、あかりの主な4つの種類と、最適な照明器具を紹介しましょう。

拡散ライト

部屋を全体的に照らすあかりです。ガラス製または目の粗い布地のシェードがついたシーリングライト（天井照明）か、ウォールライト（壁に取りつける照明）などがおすすめ。

集光ライト

仕事用のスペースのほか、絵画や写真など細部を強調したい場所に使います。金属や布地のシェードでしっかりと覆われたスポットライトや、小型ランプがおすすめ。

アッパーライト
（上向きのライト）

部屋の間接照明として使うと
ムードが出ます。ウォールライ
トや床に置くタイプがおすすめ。

ダウンワードライト
（下向きのライト）

読書スペースや、ヒュッゲな時間を楽し
む「ヒュッゲクローウ（hyggekrog）」に
ぴったりです。フロアランプや、シェー
ドで覆われたタイプのものがおすすめ。

あかりの島をつくって
ヒュッゲを演出

　ヒュッゲは雰囲気が肝心。照明は大事な小道具です。

　それほど大げさな話ではありません。部屋にヒュッゲなあかりを
つくるには、下向きに照らす暖色の小さな光源をあちこちに使うこ
とです。

　ポイントは、ぽつぽつとあかりの島をつくって、暖かく落ち着い
た雰囲気を出すこと。

　反対に、シャンデリアがひとつ吊るされているだけの部屋には冷
たい雰囲気がただよいます。とくに壁が白色の場合は、上からの光
が反射してしまうので要注意。

　フロアランプ、テーブルランプ、シーリングライトを、部屋の
ニーズや役目に合わせて組み合わせるといいですね。

　シーリングライトはヒュッゲとは言いがたいですが、掃除には便
利です。照明を選ぶには、何より部屋の役目と使い道を考えること
です。

ダイニングテーブルの照明

──ペンダントライトは、テーブルから50～60センチメートル上の位置に取りつけます。まぶしすぎたり、テーブル全体の視界を妨げたりすることがないように。ゲストの顔を見たいですからね。

50 ～ 60cm

ダイニングルーム──横長の大きなテーブルを置いているなら、ペンダントライトをふたつ使うとよいでしょう。ウォールライトやフロアランプもおすすめ。頭上から照らす強いあかりではなくて、やわらかな上向きのあかりがつくれます。

バス・洗面エリア──鏡のそばには、色調を正確に映してくれる照明を使うこと。あるとき、私はスマーフ（青色の妖精）の格好で仮装パーティーに参加しました。顔を青く塗って、青いシャツを着て、白いズボンに白い靴、白い帽子といういで立ちです。すてきな格好をする仮装パーティーのはずでしたが、行ってみると、そこはハロウィーン・パーティーと化していました。それはともかく、パーティーから帰って顔のペイントを洗い流したものの、洗面台の照明がまずかったのです。つぎの日、なぜ私の顔が青いのかを説明してまわる羽目になりました。

寝室——ほかの部屋と同じく、掃除のためにはシーリングライトがあるといいですね。あとは暖色系のベッドサイドランプがふたつあれば、落ち着いた雰囲気がつくれます。アームつきのものや移動可能なものなら、隣で寝る人の迷惑にならずに読書ができます。

仕事部屋——コンピューターの画面と部屋の明るさの差がありすぎると、疲れ目になりやすいので要注意。ヒュッゲはもちろん優先事項ですが、仕事中は集中力を保つことが大切。上向きのライトや集光ライトを使って、デスクを明るく照らすのがおすすめです。

リビング——部屋のすみずみまで、明るく照らされていますか？ 暗い一角があると、部屋がせまく見えてしまうこともあります。そんなときは、遊び心のあるランプを使って解決しましょう（リサイクルショップで思わず買ってしまった派手なランプの出番）。ヒュッゲを最大限に演出できる空間なので、下向きのライトがおすすめ。

わが家の外は？
——町を照らすあかり

　ノルウェー南部のリューカンは、山のふもとに位置する人口3,000人ほどの小さな町です。両側に山がそびえているため、年間の半分は日陰という土地。その期間には、日の出入りにともなって北側の山腹を照らす光が見えますが、それが町まで届くことはありません。つねに日陰なのです。

　だから、住民はよく太陽を話題にします。

「太陽はいつ戻ってくるんだろうね？」「最後に太陽を見たのはいつだったっけ？」と。

　あるとき、ノルウェーの石油会社が町にケーブルカーを寄贈したため、住民は冬季に山腹をのぼって日光浴ができるようになりました。

　ところが最近、住民でアーティストのマーティン・アンデルセン氏が、あるアイデアを思いついたのです。「そうさ、『明るい』アイデアだよ。鏡を使うんだ。巨大な鏡をね」

　鏡の大きさは17平方メートル。現在、町の片側にそびえる山に3つ設置されています。太陽の動きを追って鏡が向きを変え、反射した太陽光が町の中心の広場に届けられるという仕組みです。1月には、正午から午後2時くらいまでの少なくとも2時間、陽の光が届きます。そこには、日光だけではなく笑顔の人々も集まります。

幸せをつくるには
チェックリスト

———

☐ 日光は心と体の健康に欠かせないもの。幸せな空間をつくって活用するには、自然光がカギです。あらゆる方法で室内に自然光を取り入れましょう。

☐ 人工光を使うときは、空間、時間、光の色、光の強さという4つの要素を考えましょう。

☐ 照明で雰囲気や気分をつくり出せれば、行動にも影響します。暖色でやわらかな下向きの照明を使うと、住まいのヒュッゲ度が上がります。適切な場所に生かしたいものです。

ヒュッゲな空間

デンマークとイギリスの平均的な世帯では、家族1人につき1.9部屋分のスペースがあります。カナダではもっと広く、1人につき2.6部屋、ロシアではせまく、0.9部屋。

　ヨーロッパとアメリカに住む人にとって、1人につき1.9部屋は平均的といえる広さです。

　でも、世界中の都市で家賃が値上がりしている今、共同生活を選ぶのは学生ばかりではなくなりました。

　大都市では、シェアハウスで暮らす人たちや、ひとつの住宅に複数世帯が入居するケースが増えつづけています。ふたつ以上の世帯が、キッチンやバスルームなどの設備を共同で使うのです。

　『インサイド・ハウジング』誌によると、シェアハウスの数は、2012年から2020年にかけて20パーセント増加しています。

　じつは私も、ハピネス・リサーチ研究所を立ち上げた当初、シェアハウスに住んでいました。自分ひとりでは家賃を払うことができなかったのです。30歳をゆうに超えていましたが、やり繰りするには、ルームメイトが2人必要でした。

　他人と一緒に生活することには利点もあるのですが、"定員オーバー"の居住空間は、満ち足りた生活を送るのにいい環境とはいえません。心と体の健康にも悪いのです。

　新型コロナのパンデミックのときには、これがさらに顕著になりました。

　「だれかが咳をするたびに、こわかったわ」。南ロンドンのクロイドンに住むシルヴィアはパンデミックのときにそう言っていました。見ず知らずの4人と、共同アパートで暮らしていたのです。「なるべく部屋にこもっているんだけど、キッチンとバスルームは共用なのよ」

パンデミックのころ、ハピネス・リサーチ研究所では数カ月にわたる研究に取り組んでいました。ある一定の人々を追跡調査し、心と体の健康がどのように変化するかを観察するものです。

　まず2020年4月13日に基礎調査を開始し、それから週1回または月1回のペースで、同じ被験者の観察をつづけました。

　3カ月以上にわたって全6回の調査を実施し、97カ国4,000人以上から得られた1万1,000件の調査結果をもとに、分析を行ないました。

「何人と暮らしていますか？」「家の広さはどのくらいですか？」といった質問をし、居住空間がどれほど過密なのかを探りました。時間をかけて、たくさんの人にたくさんの質問をしたわけです。

　その結果、居住空間が「密」になるほど、生活に対する人々の満足度が下がることがわかりました。

　たとえば、広さが1人当たり75平方メートル以上ある住まいで暮らす人のうち、73.8パーセントは生活に満足していると答えました。

　でも、1人当たり75平方メートル以下のスペースで生活する人では、生活への満足感がある人は67パーセントに下がっています。

　おもしろいことに、この結果は同居人がいる場合にかぎります。ひとり暮らしの場合は、広い家に住んでいるほうが、幸せを感じる人が少なくなっているのです。

　パンデミックに関係なく、居住空間は重要であり、私たちに影響を与えます。パンデミックが起こる前に、私はキングフィッシャー社の依頼で1万3,480戸の家を調査しました。住まいにおけるさまざまな問題が、そこで暮らす人の幸せの度合いにどうかかわるのかを検証したのです。

　自然光の乏しさ、空気の汚れ、緑の足りない空間は、家の中で過ごす幸福度、そして住まいに対する満足度を、どう妨げたのでしょう。

空間が幸せに与える影響

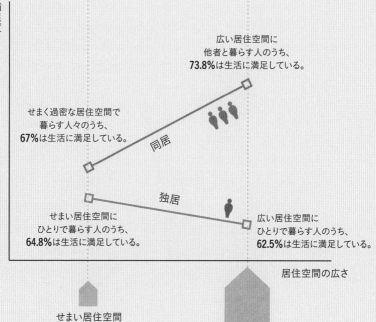

満足度

広い居住空間に
他者と暮らす人のうち、
73.8%は生活に満足している。

せまく過密な居住空間で
暮らす人々のうち、
67%は生活に満足している。

同居

独居

せまい居住空間に
ひとりで暮らす人のうち、
64.8%は生活に満足している。

広い居住空間に
ひとりで暮らす人のうち、
62.5%は生活に満足している。

居住空間の広さ

せまい居住空間
(1人当たり75m²以下)

広い居住空間
(1人当たり75m²以上)

快適な居住空間に必要な基本的な要素があります。

　室内の「空気の質」が悪いときや、部屋が暗すぎたり寒すぎたりすると、住まいに満足しているとはいえませんよね。それどころか、心や体の健康が脅かされてしまいます。

　ここでもう一度、マズローの欲求ピラミッド（43ページ）の下から2番目までに当たる「物質的欲求」（基本的欲求）に目を向けなければなりません。安全で安心できると思えない家ならば、幸せを感じたり、満たされたり、目標を達成したりできないということになります。

　残念ながら、こうした状況はめずらしくありません。私たちが重点的に調べた10カ国では、たとえば住まいの空気が汚いと感じる人は9パーセント、建物内の温度に不満がある人は16パーセントいました。

　でも、もっとも多かった問題は、居住空間のせまさでした。自宅がせますぎると答えたのは、調査対象者の20パーセントにのぼります。そして居住空間のせまさは、幸せをむしばむいちばんの問題になっているようでした。

「広さが不十分だ」ということが、住まいに満足できない最大の要因だとわかったのです。

　ごちゃごちゃした状態は、ストレスのもとです。住まいがせまく、物が多くて散らかっていると感じるならば、たいていの人の幸福度は下がるでしょう。「あら、かしこい知恵を授けてくれてありがとう。ビッグデータのおかげね」なんて思いましたか？

　いえ、ちがうんです。物理的な広さが問題ではなく、重要なのは、ゆったりしているという感覚です。

　私たちの調査では、「実際の広さ」と「感覚的な広さ」の両方を検証しました。

　まず、物理的な広さ、つまり床面積は何平方メートルか、何部屋あるかをたずねました。また、住まいの空間にゆとりがあると感じ

るかどうかも質問しました。

　1万3,480戸の住宅のデータを分析した結果、私たちが抱きがちな誤った認識を、多くの人がもっていることがわかったのです。

　もっと大きな家に住んだらもっと幸せになれる、という誤解です。

　確かに、とてもせまくて散らかった家に住むのは、ほとんどの人は嫌でしょう。でも、家の広さや部屋の数が問題となるのは、ある程度までです。この家は何だかせまいなあ、という主観的な感覚が問題なのであって、客観的な家の広さはそれほど関係ないことが確認できたのです。

　住まいに対する満足度という点では、空間にゆとりを感じるかどうかが、実際の広さの3倍も重要であることがわかりました。見逃せない結果です。

　つまり、何平方メートルという数値は、家の広さを認識する目安にはなります。でも、人が住まいに満足する理由は、広さとはあまり関係がないのです。おもしろいことに、空間に対する認識と実際の広さには、それほど相関関係は見られません。

　広い家でも、散らかってせま苦しいと感じることはあります。一方で、こぢんまりとした家でも、見た目にも感覚的にもゆったりとしている、と感じることもあります。

　大都会に暮らす人や、自由になるお金が少ない人には、朗報ですね。

幸せをデザインするヒント

増やすのは、面積ではなく空間のゆとり

　重要なのは、今よりもっと広い部屋に引っ越すことではありません。家具の配置などを工夫して「空間にゆとり」を生み出し、住まいをもっと満足できる場所にすることです。

部屋の広さに合わせて家具を選ぶ

　せまい部屋に大きなソファーを置くと、どうしても部屋はきゅうくつに見えます。かならず部屋の面積を測り、何を選べばもっとすっきりした感じになるかを考えましょう。

　組み合わせ式のパーツに分かれたソファーはいかがですか？　空間にぴったりと合うように、自由に配置できます。

部屋や家具は、ひとつの役割に固定せずフル活用！

　テレビドラマ『フレンズ』の中で、ジョーイとチャンドラーは、自分たちのアパートに居候するロスにうんざりしています。そして、キッチンとトイレつきの安アパートをロスに借りさせようとします。

　いや、お客さんを追い出す話をしているのではありませんよ。リビングルームは、遠くから訪ねてきた人を迎えるゲストルームとして使えるのでは？　という話です。

　デスクを折り畳み式にすれば、必要のないときに畳んで収納できますね。同じ空間をさまざまな用途に使えると思うと、その空間の価値が高まります。

太陽の光をふんだんに取り入れる

　すでにお伝えしたように、光が当たるほど、空間は広く感じられます。定期的に窓を磨き、鏡を置けば、安上がりです。お金に余裕があるならば、天窓をつけましょう。窓には、ブラインドかカーテンがあるといいですね。長くて重いカーテンは、貴重な壁面を覆ってしまうし、せまい部屋では扱いづらく感じるかもしれません。ただし、広い部屋ならデザインとしてすてきですし、部屋の温かさも保てます。

空間を「垂直に」使う

　平面ではなく、立体で考えましょう。壁にそそり立つような本棚を置けないでしょうか？　子どものベッドの位置を高くして、下に遊ぶスペースをつくれないでしょうか？　ハリー・ポッターをまねて、階段下のデッドスペースをすてきなプレイルームにするのはどうですか？　インスタグラムを見ると、おしゃれな収納方法のアイデアは無数にあります。

スライド式ドアを使ってみては？

　スペースがかぎられているときには、扉の代わりにスライド式のドア、つまり引き戸を使うことを考えましょう。扉を開け閉めする際に必要だった扇形のスペースが空きますよね。キッチンとダイニングの間を引き戸にすれば、大きめのダイニングテーブルを置いたり、キッチンにもうひとつ食器棚を置いたりするスペースができます。ただ、引き戸は音が漏れやすいので要注意。寝室とリビングを隔てる扉よりは、キッチンとリビングの間の扉を引き戸にするのがよいでしょう。

ひとつ入れたら、ひとつ出す

　何かをひとつ家の中に招き入れたら、何かをひとつ家の外に出す、というルールを守りましょう。入れ替えるのは、壊れてしまった物やお気に入りの物だけにすると理想的です。そうすれば、古くて壊れた無意味な物で引き出しがあふれることなく、役立つ物ばかりになるでしょう。

散らかる前に

————

　子どものころ家にあった料理本を何気なく開くと、そこにはパンケーキのレシピが載っていました。私はパンケーキが大好きです。幸せはいろいろな形でやってきますが、パンケーキもそのひとつ。

　ある朝、地元のスーパーの広告に目が留まりました。パンケーキ専用の器具の宣伝でした。「毎回、正確に測りましょう！」と。パンケーキを焼くときに、この器具に生地を入れます。そうすれば、毎回正確な量の生地が、フライパンに投入されるのです。

　パンケーキは、ぜんぶ同じ大きさじゃなきゃ満足できない？　パンケーキを焼いたあと余計な洗い物を増やしたい？
　だったらどうぞ！　ひとつ器具を増やして、キッチンをごちゃごちゃにすればいい！
　どんどん洗い物を増やしましょう！
　きっと 10 年間そのまま置きっぱなしで、そのあとはお払い箱です！

　近藤麻理恵さんのお片づけの「こんまり®メソッド」は、おなじみですね。ご存じないですか？　こんまり®流では、まず同じカテゴリーの物を全部いっぺんに床の上に並べます。つまり服なら服、パンケーキ用の器具ならパンケーキ用の器具、というふうに。そして、それをひとつひとつ、手に取ります。
　手にした物に「ときめき」を感じないならば、これまでお世話になったことに感謝して、寄付するか処分します。

サステナブルに片づけや物の処分がしたいのなら、お別れパーティーを開くのがいちばん。

　私はこの前の引っ越しで、何年も使っていない物をいろいろ見つけました。

　そしてある日の午後、何人かの友人をお茶に招き、いらない物を並べて、持ち帰ってもらいました。すべての物たちがすてきな新居を見つけましたよ。

　でも、さらにいい方法があります。こんまりさん、何が本当に「ときめき」をもたらしてくれるか、ご存じですか？

　それはガラクタを買わないこと。そもそも、パンケーキを作る器具なんて、家の中に持ち込んではダメ。

　タバコには警告文が表示されていますよね。あれを、いろいろな物に表示したらいいんですよ。「あなたの幸せに悪影響を及ぼします」と。

　ベンジャミン・フランクリンの言葉がぴったりです。

　「低価格の魅力はいっとき、低品質の辛さはずっと」

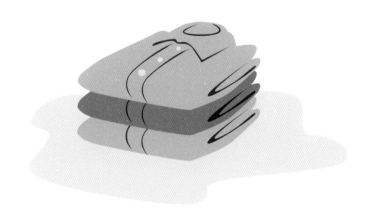

ディドロ効果――
必要のない物がほしくなる理由

―――――

　1769年、フランスの哲学者ディドロは、みじめな体験についてのエッセイを書いています。すべての始まりは、彼が美しい緋色（ひいろ）のガウンを手に入れたことでした。

　それまで、ディドロはつつましく暮らしていました。ですがちょうど蔵書のコレクションをロシアの女帝エカテリーナに売ったばかりで、大金を持っていたのです。

　その直後にガウンを手に入れたのですが、そのガウンは彼を幸せにするどころか、不幸にしてしまいました。

　新しいガウンはとても美しく、高級感がありました。そのため、ありふれたみすぼらしい自分の所持品に囲まれていると、場ちがいに見えてきたのです。

　新しいシャツを買ったときなどに、ありがちな感覚でしょう。持っていたズボンがくたびれてよれよれに見えることに気づきます。新しいソファーを買うときも、そうかもしれません。何だか、コーヒーテーブルも買い替えなきゃ、という気になりますね。

「もはや、何のまとまりもなくなってしまった」

　ディドロは、エッセイ「私の古い部屋着に対する愛惜」（『ディドロ著作集第四巻』八雲書店）に書いています。

　彼は買い物に出かけて、新しい物をつぎつぎと購入したのです。暖炉の上に置く鏡、絵画、ダマスカスで織られたラグ、彫刻、高級壁かけ時計、ライティング・デスクと革製の椅子。古い椅子は収納しました。

ほどなく、アパートの部屋は、完璧にコーディネートされました。すべては、緋色のガウンのためです。

「ディドロ効果」とは、新しい物を買ったときに、もっと新しい物がほしい、もっと手に入れたいという、消費のスパイラルが巻き起こることです。それまでの自分なら、必要としなかった物なのに。

　ヘムネスのドレッサーを買うつもりでイケアに行ったら、一緒にヘムネスのソファーベッドと、サイドテーブルと、ディスプレイ・キャビネットと、引き出しがふたつついたシューズボックスを買ってしまうのは、このためです。
「私は古いガウンを完璧に着こなしていたのに、今では新しいガウンの奴隷に成り下がってしまった」

　ムダな物を買う1,000ポンドを世界の株式市場に投資するとしましょう。儲かる年もあれば、儲からない年もあります。でも、過去の実績では、平均年間利益は7パーセントになります。これはつまり、複利の魔法で、10年ごとに2倍になるという意味です。30年後には、あなたの1,000ポンドは、8,000ポンドになりますよ。

　私たちは、物に幻想を抱いて買うことがよくあります。
　子どもと一緒にパンケーキを焼く幸せな家族でいたい。だから、パンケーキ用の器具を買おう。ただパンケーキを焼けばいいだけなのに。
　その器具があれば、パンケーキを焼く頻度が増えるかもしれない。もしくは、散らかったキッチンキャビネットの中を探し回るのに時間を費やすことになるかもしれません。

　持っている物ではなく、生き方で、人から評価されましょう。見せびらかすための物を持つよりも、語るべきストーリーを持っているほうがすてきです。

幸せをデザインするヒント
散らかる前に

「なぜ部屋は散らかるのか」がわかれば、散らかる前に手を打つことができます。いくつかヒントをご紹介しましょう。

引っ越しをするつもりになってみる

平均的なデンマーク人は、一生のうちに6回、引っ越しをします。私はすでに10回もしています。

新しく何かを買おうかと迷うときは、こう考えてみましょう。それを梱包して段ボール箱に入れ、引っ越し用トラックに運び、さらにトラックから取り出して、新しい家に持ち込みたいですか。それも6回ですよ。

私の場合、答えは簡単です。のちに思い出の品となるような意味ある物であれば買いますが、パンケーキ用の器具ならいりません。

「お金を増やしてくれるお金」を考える

物を買わなければ、お金を投資にまわせます。そうすれば、仕事なんか減らして、本当に自分が幸せだと感じることに時間を使えます。（家族と一緒にパンケーキをつくるとか。もちろん、器具はナシで）

コストを時間に換算してみる

　アマゾンでは、フットボール型の犬用おもちゃが 41 ドルです。宣伝文句はこう。「このおもちゃを使うと、ワンちゃんの心が強くなるので、飼い主の物をかじらなくなります」「とてもよく弾むので、公園で投げても自宅の庭で投げても OK」

　公園でも庭でも使えるって、いいですね。

　あれ、ちょっと待って！　公園でも庭でも投げて使えるもの、ほかにありますよね。木の枝です。

　私がパン屋で働いていたとき、夜中から朝にかけてのシフトで、時給は 120 クローネでした。約 20 ドルです。つまり、2 時間かけて 41 ドルをかせぐ計算です。でも、デンマークの税金は 50 パーセントですから、犬用おもちゃを買うお金をかせぐには、実際のところ 4 時間くらい働かなくてはなりません。夜中に自転車に乗って仕事場まで行く時間を足すと、4 時間半。

　そんなに働かないで、ただ 4 時間半、犬と一緒に遊ぶこともできます。どちらが幸せの度合いが高いと思いますか。ほら、そこに枝が落ちていますよ！

　ヘンリー・デイビッド・ソローはこう言っています。
「物にかかる費用は、私が人生と呼んでいるものの価値に等しい。瞬間的にも、長い目で見た場合でも、物を得るためには、人生を差し出すしかないのだ」

　それでもまだ、フットボール型の 41 ドルのおもちゃが買いたいのなら、買えばよいでしょう。でも、コストに対してかかる時間を考えてみると、あなたが本当に価値を置く物と、あなたも犬もじつは必要としていない無意味な物を見分けやすくなります。

ヒュッゲもどきに気をつけて

　私はテレビドラマの『マッドメン』が大好きです。舞台は1960年代の広告業界。主人公のドン・ドレイパーは、こう断言します。「広告の目的は、ただひとつ。幸せのためだ」

　あるエピソードでは、広告代理店の経営者クーパーが、広告業界の根幹について指摘します。購入したばかりの絵を指して、「人は自分の願望を実現するために物を買うんだ」と言うのです。

　現実世界でも、「幸せ」をコンセプトにした広告は、これまでにたくさんありました。

「幸せ」というコンセプトはあまりにもありふれているので、コカ・コーラ社は2016年に、2009年から使っていた「オープン・ハピネス（Open Happiness）」のスローガンをやめています。「幸せが乱用されているから」とのことです。

　資本主義がもっとも恐れているのは、みんなが十分に幸せだと感じてしまうこと。そうなると、幸せになるために品物を買う必要がなくなります。

　つまり、家にいて、すでに持っているものの中に安らぎや喜びを見いだすことは、資本主義への "反逆行為" ですね。

　実は、これこそがヒュッゲです。かぎられた予算で、幸せな人生を送ること。ちょっとした喜びを楽しむこと。気持ちがよくて心温まる、くつろげる雰囲気をつくるという技です。

　私たちが子どもたちに伝えられるもっともすばらしいことのひとつは、「お金を使わずに、喜びや満たされた暮らしを手にする知恵」です。

ハピネス・リサーチ研究所で力を入れている研究分野に、暮らしと富との関係があります。どうすれば、満ち足りた幸福な生活と富を切り離すことができるのか？　効果的に、富を満ち足りた幸福な生活に変える方法は？　そんなことを探っているのです。

　この取り組みでカギとなるのが、ヒュッゲでしょう。ヒュッゲとは、持っているものをできるだけ上手に活用することです。

　ですが、ヒュッゲがデンマークから一歩外に出ると、細かいニュアンスが伝わらないことがあります。

　最初にそれを感じたのは、アメリカ人ジャーナリストが私にこうたずねたときでした。

「ヒュッゲを手に入れたい場合、何を最初に買うべきでしょうか」

　ヒュッゲの人気が高まるにつれて、企業はヒュッゲに関する商品を売り出そうとしました。ヒュッゲを拡大解釈しすぎているように見えることすらあります。定期購入品の箱やデトックス・スープのようなものにまで「ヒュッゲ」という言葉をくっつけるのです。デンマーク人は、そんなものをヒュッゲとは結びつけません。

　ライターのヒギンズ氏が『ガーディアン』紙で指摘しています。

「ヒュッゲが、物を売るために利用されています。カシミアのカーディガン、ワイン、壁紙、スキンケア製品、ヨガ・リトリート、そして、ケント州の『羊飼い小屋』で過ごす休日までも」

　私も、かつてのヨガやマインドフルネスと同様に、ヒュッゲが商業主義者に乗っ取られていると感じます。

　そんな状況ですから、『ニューヨーク・タイムズ』紙に掲載された、未来思想家グリーン氏の記事を読んだとき、私はとてもうれしかったのです。

　彼女はヒュッゲについて、「100ドルのルルレモンのレギンスと10ドルのコールドプレス・ジュース」に血眼になるようなこれまでの「健康ブーム」への反動である、と書いていました。

本来、ヒュッゲとは高価な品物の話ではなく、雰囲気とか、ある種の感覚や感情のことですから、シンプルでつつましく、お金もかからないのです。ときには、控え目であるほど、ヒュッゲなのです。

　私たちデンマーク人は、ヒュッゲに対する誤った解釈に落胆しましたが、そこで終わりにはしませんでした。ヒュッゲを「ユネスコ無形文化遺産」に登録することを目指す、ヒュッゲ審議会を発足したのです。

　スペインではフラメンコ、イタリアではピザ職人の技術、ベルギーではビール文化がすでに登録されていますが、デンマークにはまだ何もありません。

　ヒュッゲ審議会は、言葉本来の意味を保護し、保存するために、ヒュッゲを無形文化遺産に登録してもらおうと試みたのです。

　白状しますと、私は審議会の一員です。最初の申請は通りませんでしたが、挑戦はまだつづいています。

　「ヒュッゲ」の名のもとに売られている品物を見つけたら、立ち止まって考えてみてください。これが本当に住まいの雰囲気を変えてくれる？　人生に喜びをもたらしてくれる？

　もしそうなら、よかったですね！

　でもヒュッゲとは、それらをすべて手に入れることではありません。持っているものを楽しむことなのです。人生で出会う人々と共に楽しむのです。

　大切なのは、所有している物ではなく、かもし出す雰囲気です。

　ヒュッゲとは、心のあり方であって、空間をくつろげる場所にするものなのです。

　そういう意味では、ヒュッゲとは「質素」であることに尽きます。むかしからある美徳ですね。古い世代の伝統にしたがうことです。

　旧世代の人たちは物を捨てませんでした。壊れても直して使っていたのです。私たちも、新しい服を買う前に、繕って使いましょう。冷蔵庫の中にある食べ物をちゃんと消費し、ゴミを減らしましょう。

植物のある空間の大切さ

　最近では多くの人が都会に住んでいますから、自分の「庭」と呼べるスペースがあるということは、本当にぜいたくなことです。新鮮な空気を吸いながら、庭でバーベキューやピクニックをするのは、友人や家族とヒュッゲな時間を過ごす、とっておきの方法です。でも、それは不可欠な要素ではありません。

　私は人生の大半を庭のない住まいで暮らしてきましたが、植物をたくさん置けば、かならずヒュッゲの度合いが上がりました。それぞれの部屋に植物を置くと、家の中と外がつながります。そして、植物はヒュッゲであるだけでなく、健康によいこともわかっています。

　1984 年に『サイエンス』誌に掲載された、環境心理学者ウーリッヒ氏の論文には、植物の「癒やしのパワー」が示されていました。ウーリッヒ氏率いるチームは、窓からの自然のながめが外科手術後の回復を早めるかどうかを検証したのです。

　研究チームは、ペンシルベニアのある病院で、胆のう手術後の患者の回復に関する診療記録を調べました。

　窓から木々の見える病室で過ごした患者と、窓からレンガ塀しか見えない病室で過ごした患者がいました。回復に影響を与えるそのほかの要因を適切に考慮して分析した結果、窓から緑の木々をながめていた患者は、レンガ塀をながめていた患者よりも回復が平均して1日早く、術後の合併症が少なく、痛み止めの量も圧倒的に少なかったことがわかりました。

　将来的に病院の建設を計画し、設計する際には、日光だけではなく自然も、使えるツールになりそうですね。

「理屈はわかるけど」と、言いたくなるでしょうか。「つまり、窓から見えるのは、建物ではなく、公園じゃなきゃダメってことね。そんな家、買えないわ！」

　大丈夫ですよ。ウーリッヒ氏は1993年に、スウェーデンのウプサラ大学病院で別の研究を行なっています。
　集中治療室にいる心臓手術後の患者160人に、6つの異なる景色をランダムに見せました。小川沿いの並木、薄暗い森の写真、殺風景な壁、白いパネル、そして抽象画が2枚です。

　その結果、小川沿いの並木の写真を見せられた患者は、薄暗い森の写真、抽象画、殺風景な壁、白いパネルを見せられた患者と比べて、不安を感じにくく、強い痛み止めの投与が少なくてすんだことがわかりました。

　ひとつはっきりさせておきましょう。小川沿いの並木の写真を見ても、がんが治るわけではありません。ですが、緑の草木や自然をながめることで、痛みやストレスが軽減するという、説得力のある研究結果が出ています。
　そして、ストレスは免疫システムに悪い影響を与えるわけですから、庭をながめることで気持ちが安定し、健康に向かうのはありがたいことですね。

　科学的な手法とはいえませんが、インスタグラムでも同じ結果が確認できます。#plantsmakepeoplehappy（「植物が幸せをもたらす」という意味のハッシュタグ）のついた写真が、1,240万枚以上も投稿されているのです。

　家に植物があることで幸せになる理由は、たくさんあります。私たちがきれいな空気を吸えるのは、多くの植物のおかげです。とくに、オリヅルラン、セイヨウタマシダ、ゴムの木は空気を浄化する効果が高いことがわかっています。

また、植物の世話はストレスをやわらげ、気分を高めることもわかっています。スマホやパソコンの画面からはなれて天然のものに集中できるし、育てている植物が成長して花開くというごほうびも体験できるからです。

　インスタグラムに写真を載せるかどうかは別としても、観葉植物はいいですよ。家の中が緑ですてきになるだけでなく、たくさんの利点があります。

　住まいのヒュッゲの度合いを上げるのに、観葉植物は簡単な方法ですが、庭をお持ちのかたは、庭をさまざまな植物でいっぱいにすることも忘れずに。

　だだっ広い芝生はつまらないですし、あまりヒュッゲではありません。室内の空間をつくるのと同じルールを、室外の空間づくりにも応用したいものです。

幸せをデザインするヒント

植物のある空間をフルに楽しむ方法

ヒュッゲのためには、さまざまな空間づくりが必要です。

外の空間も室内と同じ。それぞれのアクティビティに合わせた場所があると理想的です。もちろん、そのアクティビティのひとつは、庭のヒュッゲなスペースでヒュッゲな時間を過ごすこと。

街を歩いているときに１マイル先にあるものが見えてしまうと、歩くのがつまらなくなります。中世ヨーロッパの中心街にあるような、曲がりくねった道を歩くほうが楽しいですよね。カーブの多い道は、曲がり角ごとにかならず新たな発見があります。これを庭にも応用しましょう。

小さな異なる空間をつくると、庭を歩き回るのが楽しくなりますし、ヒュッゲを堪能できます。小さなくつろぎの空間づくりを目指しましょう。

庭の広さと予算に合わせて、壁をつくる、木を植える、生け垣をつくるなど、やり方はいろいろです。簡易なものとしては、トレリス（格子状フェンス）やパーゴラ（棚）をつけるのも一案ですね。

テーブルと椅子を置いたテラスがあるなら、植物の鉢でテーブルと椅子の周りを囲んでもいいですよ。空間が守られているような感覚になり、ヒュッゲの度合いが高まります。

植物はよい空気感をもたらします。足を投げ出して、ひざの上に本を乗せ、何時間も過ごしたくなるような空間をつくりたいですね。

わが家の外は？——
都市環境にも緑のある空間を

___

　アメリカをはじめとする世界中の都市で、スプロール化（都市や市街地の範囲が無計画にどんどん広がっていくこと）が深刻な問題です。

　人口密度の低さが特徴的で、移動手段は車に頼るほかはなく、都市デザインや都市計画はほとんど考慮されていません。ひどい大気汚染や交通渋滞、交通死亡事故の増加は、この現象が生み出した残念な結果です。

　こんな状況のため、コペンハーゲンの「フィンガープラン」は、都市発展モデルとして注目されています。

　コペンハーゲンを手のひらの形に見立てて整備するこの計画は、長年にわたってコペンハーゲン中心部と周辺地域の開発を支えています。フィンガープランが最初にできたのは、1947年でした。

　このプランでは、コペンハーゲンの旧市街が手のひらに当たります。

　当時は、まだ中心地としての開発が行なわれていませんでした。鉄道システムと道路ネットワークを指に見立て、コペンハーゲンを外側へ向かって5本指のように拡張させることになりました。

　指と指の間のV字形の部分は都市化せずに、森やレクリエーションを楽しめるように緑地のまま残します。5本指に沿って生まれた新しい市街地に住む市民が、最短距離で開けた緑地にアクセスできる計画です。玄関を開けたら自然が広がっています。都市と都市の間の空間です。

　すべての都市で同じようにできるわけではありませんが、ロンド

ンはもうひとつのよい例です。緑あふれる公共スペースが都市面積の16.8パーセントを占め、合計800万本もの木々が植えられています。

　首都であるロンドンは2019年に、都市生活を改善するという新たなイニシアチブのもとで、世界初の国立公園都市（NPC：National Park City）となりました。

　住民、旅行者、パートナー組織と協力して、これまで以上にアウトドアを楽しみ、より環境にやさしく、健やかで自然豊かな都市をつくろうと働きかけています。

　この都市生活を改善するというプロジェクトは、2025年までに、少なくとも25都市をNPCにすることを目指しており、NPCの地位を得るためには何をすればよいか、イギリス国内外の都市と話し合いを進めています。

　すべての都市がNPCという名誉を得られるわけではありませんが、このプロジェクトのほかにも、だれもが緑豊かな空間を利用できるようにするための多くの試みがあります。今後が楽しみですね。

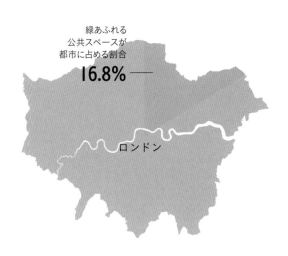

緑あふれる
公共スペースが
都市に占める割合
16.8%──

ロンドン

ヒュッゲとは、
かぎられた予算で幸せに暮らすこと

私はハマークヌデンをハイキングすることが気にいっています。ボーンホルム島のハマスフース（「ハンマーの家」の意）あたりです。

ハマスフースは13世紀後期に完成した、スカンジナビア最大の中世の要塞（ようさい）で、バルト海を見わたせる丘の上に位置します。深い森と岩山に囲まれていて、晩夏にはヒースが花開き、圧巻です。切り立った断崖（だんがい）のふもとで、ライオンやラクダの頭部を見ることができます。と言っても、海から突き出た、動物の形をした岩の話ですが。

そして、ハマー湖、オパール湖、クリスタル湖が近くにあります。何だか『ロード・オブ・ザ・リング』から拝借したような名前ですね。

ジンやトニックの香りづけに使えるジュニパーはいたるところに、ジャムやチャツネにできるローズヒップは沿岸に生えています。アンズタケがどこに生えているかは、ないしょ。

ヤギは湖を見わたせる岩の上で昼寝して、ヒツジは遊歩道で草を食み（は）ます。たいてい、道を空けてくれますよ。反対側からツノの長いハイランド牛がやってきたときだけは、道を譲らなければなりません。ボーンホルム島のラッシュアワーは、こんな感じです。

こんな景色を見ながら海辺の新鮮な空気を肺に吸い込むと、一歩一歩歩くことが心身にもたらす恩恵を感じることができます。

だから、私の大好きなアクティビティのひとつは、これからもずっとハイキングでしょう。使い慣れたバックパックに魔法瓶を入れて、ボーンホルム島で長時間歩いたり、毎晩の日課として都市部

の自然が多い場所を散歩したりします。

　私は新しい場所に引っ越すと、まずは、どの通りやエリアに木々や緑地が多いかを探索して、日々の散歩コースをつくります。

　どこに住んでいても、そんな散歩ができる場所が近くにあるはず。

　ヒュッゲな生活を送り、ヒュッゲな住まいをつくること、それは、幸せにお金はかからないのだと理解すること。持っている物と自分の気持ちを分けて考えられるようになります。

　ヒュッゲを感じることは、どこにいても、だれであってもできます。

　どんなときに喜びと自由を感じますか？

　ヒュッゲとは、かぎられた予算で幸せに暮らすこと。物をしまうためにではなく、暮らすために空間を使うこと。あなたの家を、居心地のよい住まいに変えることです。

幸せをつくるには
チェックリスト
———

❏ もっと広い部屋に住みたいですか？ 空間を広げるために、もう使っていない物は、新しい居場所を見つけてあげましょう。そもそもいらない物は買わないこと。そうすると、本当の「ときめき」が生まれます。

❏ 「ディドロ効果」と「ヒュッゲもどき」には気をつけて。ヒュッゲの何たるかを、企業に決めさせてはなりません。ヒュッゲとは、つながりと雰囲気のことであるのを忘れずに。物ではありません。

❏ 植物は癒やし効果の高い優れもの。病院に入院していても、家にいても、ただ並木道を散歩しているだけでも、植物は私たちの心と体の健康によい効果をもたらします。これは多くの研究で証明されていること。ですから、住まいの中にも植物を取り入れましょう。

つながりを
デザインする

ヒュッゲな住まいとは、人とのつながりや一体感をもたらしてくれる場所。自分をわかってくれて、味方でいてくれる人に囲まれていると感じられる場所です。かの偉大な哲学者エマソンも言っています。
「そこにたびたび集う友人が室内装飾である」

　私は、新年にいつも同じ目標を立てます。月に一度、友人を招いてディナーをふるまおうと。旅行や、仕事の締め切りや、コロナウイルスなどに阻まれ、ミッションをクリアできないことはあります。でも、きちんと言葉にしたほうが、たくさんの友人に集まってもらうという願いがよりかなうと思っています。

　幸せについて調査をすると、「他者との関係」の大切さが浮き彫りになります。それは人生に意味と目的を与えてくれ、幸せのレシピの中でも、もっとも大切な材料のひとつです。
　マズローの欲求のピラミッドでは、「社会的欲求」（「帰属と愛の欲求」）が中央部分になっているのも、納得ですね。
　私の経験では、もっともヒュッゲな瞬間を感じるのは、ミシュランの星つきレストランにいるときではありません。家族や友人と共に家で食卓を囲み、おいしいものを食べているときです。

　もし私が世界共通のルールをつくれるとしたら、すべての人に親友をひとり与えます。そして、孤独を感じる人をなくします。この思いを形にするには、住まいやその周辺をどうデザインするかが重要になるでしょう。
　まず、人と人がどう出会うか。そしてどうつながるか。このふたつが大切です。そのうえで、ひとりぼっちだと感じる人をなくし、意味のある人間関係をつくるのです。

ディナータイムの幸せ

―――――

　私のお気に入りのテーブルは、ディナーテーブルです。そこには
みんなが集います。コミュニティーの場であり、人と人が交わると
ころ。世界について学び、会話を育み、愛する人たちとつながる場
所です。私はここ 10 年ほど、もっとよい食事の仕方とはどういう
ものだろうか、と問いかけてきました。栄養面だけではなく、幸福
という点からもです。

　いいニュースです。家族で食卓を囲むことは心と体の健康によい
という証拠はたくさんあります。さまざまな研究結果が示すように、
家族と食事を共にするティーンは平均成績が高い傾向にあり、家族
との一体感が強く、コミュニケーションスキルも高くなっています。
また、肥満や抑うつ症状は、より少ない傾向です。

　残念ながらよい話ばかりではありません。家族と一緒に夕食をと
る機会がどんどん減っている国もあります。アメリカ人の 59 パー
セントは、家族と夕食をとる回数が、子どものころと比べて減って
いると回答しています。大半の家庭で、家族と一緒に食事をする回
数が週に 5 日以下だそうです。また『アトランティック』誌による
と、平均的なアメリカ人は、5 回に 1 回は車の中で食事をしていま
す。こうした数値は 2014 年に報告されたものですが、それ以降も
改善されていないと思われます。

　イギリスでも事情は変わらないようです。「社会問題研究セン
ター」(Social Issues Research Centre) が 2018 年に行なった調査で
は、イギリスで暮らす人が夕食にかける時間は平均わずか 21 分で、
テレビの前で食事をとる頻度が高いことがわかりました。ダイニン

グテーブルは特別な日に使うだけのものとなっていて、イギリス
の世帯の5分の1は、そもそもダイニングテーブルを持っていな
いそうです。確かに、テレビを観ながら食べるのは楽しいですよ
ね。私の家でも、新年にはほぼ恒例になっています。でも、そう
いう日は例外です。

　テーブルは、愛する人たちとつながる場所です。それぞれがど
んな1日を過ごしたか、よいことや悪いこと、過去、現在、未来
について話をします。そして、いちばん大事なこと。ここは私が
ダジャレの練習をする場所なんです（二枚貝をぜんぶ食べたロブ
スターに、仲間のロブスターは何て言ったでしょう？　「『硬って
え／勝手な』やつだ」）。要するに、1日のうちの最高の時間です。

　テレビの前で食事をするのも、ときにはいいでしょう。でも、
ダイニングテーブルでいっさい食事をしないとなると、幸福が得
られる絶好のチャンスをのがすことになりますよ。ディナーテー
ブルは、友人や家族の心身の健康によい影響を与えられる場所な
のですから。
　そして、家族で夕食をとる機会を増やしたいと思っているのは、
私だけではありません。社会問題研究センターの調査でも、イギ
リスで暮らす人の47パーセントが、自宅または家族のだれかの家
で、もっと頻繁に一緒に夕食をとりたいと答えています。
　また、イギリスで暮らす49パーセントの人たちが、家族みんな
でとる夕食は、充実した時間を共に過ごすもっとも大
切な手段だと考えています。

幸せをデザインするヒント

家族でのディナータイムを長く楽しめるのは、どんなメニュー？

　友人や家族とテーブルで長い時間を過ごす方法のひとつ、それは自分で手を動かさないといけない食べ物を用意することです。テーブルで作業をするプロセスが長いほどよいでしょう。ここで紹介するメニューは、テレビに頼らないすてきなディナータイムを約束します。

アーティチョーク料理「ダイナソー・クロウ」（恐竜の爪）

　家でアーティチョークを食べるときは、ほかのメニューのときよりも、たいてい12分くらい食事時間が長くなります（ちゃんと時間を計りましたよ！）。さっと準備できるので、つくるのに時間がかからない割に食事時間は長いという優れものです。

　大きな鍋に水を注ぎ、塩を入れて、沸騰させます。レモンを半分に切って入れましょう。そこにアーティチョークを加え、約35分ゆでます。ガクがするりとむけるようになったら、でき上がり。

　お湯を捨てて、まるごとのアーティチョークに塩バターを添えて出します。ガクにバターをつけて、歯と舌を使い、つけ根部分の実をしごくように食べましょう。ガクの部分を食べ終わったら、つぎは短い毛がふわふわとついているところです。毛の部分を取り除いたら、とっておきの、実の詰まった花芯を食べましょう。

幼い子どもたちをアーティチョークでわくわくさせたいなら、「夕飯は『ダイナソー・クロウ』よ!」と言ってみてください。

手で包む「ラップ」料理

今度は、手で包むのに時間がかかるメニューです。ベトナムの生春巻きやメキシコのタコスは、野菜がたくさん食べられるうえに、友人や家族も作業に加わることができるすばらしいメニューです。

生春巻きは、具材のニンジン、新タマネギ、ロメインレタス、キュウリを細切りにして、大きな皿に盛りつけます。ピーナッツ、もやし、スライスした唐辛子、ミント、パクチー、海鮮 醬 少々、お好みで小エビも添えましょう。この皿を、テーブルの中央に置きます。

お湯を注いだもう1枚の大きな皿と、ライスペーパーをテーブルに運びます。ここで、みんなに席に着いてもらいましょう。あとは各自で、ライスペーパーを皿のお湯に浸してやわらかくし、ライスペーパーの真ん中あたりにお好みの材料を並べて、包みます。

メキシコ料理が食べたい気分でも、基本は同じです。トルティーヤと具材をテーブルの中央に置いて、各々で包んでもらいます。アボカドディップ、タマネギ、黒豆、パイナップル、パクチー、唐辛子を用意しましょう。

チーズ料理「スイートドリーム・フォンデュ」

　1980 年代に流行ったイギリス人デュオ「ユーリズミックス」の曲、『スイート・ドリームス』をかけながら、古きよきタパス（小皿料理）を楽しむのはいかがでしょうか。チーズフォンデュは楽しい料理ですね。テーブルで作業しながら、ゆっくりと食べるのにもってこいです。

　フォンデュ鍋の内側にひとかけらのニンニクをこすりつけ、白ワインを 1 カップ入れます。500 グラムほどのチーズ（グリュイエールとエメンタールのブレンドなど）をすりおろし、鍋に加え、中火で加熱し、チーズがとろとろになるまで混ぜます。

　伝統的には、角切りにしたパンを浸して食べますが、お好みの野菜もおすすめ。スライスしても角切りにしてもかまいません。ラディッシュ、ニンジン、ピーマン、小さく切って焼いたジャガイモなどはいかがでしょう。

空席のすすめ

———

　あなたが私と似たタイプの方なら、ひとりでパーティーに参加するのは苦手なのでは？　震える手でカナッペとワイングラスを持って、バランスを取るのってむずかしいですよね。

　でも、それ以前に、「知らない人ばかりだし、みんなだれかとおしゃべりしているから、携帯電話でもチェックしよう」の段階があるでしょう。ここで、おしゃべりに加わるのが簡単になる、ちょっとした空間デザインのコツを紹介しましょう。

　数年前、ハピネス・リサーチ研究所では、余暇活動のちがいが子どもの心身の健康にどのような影響を与えるかを調べました。そこで行なった取り組みのひとつに、ライブアクション・ロールプレイというものがあります。参加者は、実際に衣装を着て小道具を持ち、役になりきります。たとえば、オーク族とエルフ族に扮して、剣と魔法の呪文を使って森の中で戦う、というふうに。

　このアクティビティは、いつもは内向的な性格だと思われている子や、従来のスポーツ活動が合わない子をとくに引きつけました。つまり、30年前の私のような子どもたちです。

　アクティビティの開始前から開始後、終了まで毎回を1年半かけて追跡調査を行ない、同じ質問を投げかけました。こうして、たとえば両親の離婚など、調査期間中に生じた事情を適切に考慮し、そのうえでアクティビティがもたらす影響を導き出しました。

調査の結果、ライブアクション・ロールプレイの参加者は、社会とのつながりが明らかに強くなっていました。最終的に、参加者の16パーセント以上が人間関係に満足していると回答し、20パーセント以上が困ったときに頼れる人がいると感じる、と答えました。人生の満足度でさえも、参加した後には12パーセント上昇していました。

ライブアクション・ロールプレイが与える
よい影響

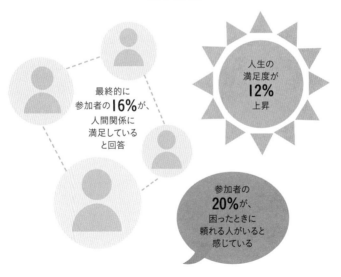

最終的に
参加者の**16%**が、
人間関係に
満足している
と回答

人生の
満足度が
12%
上昇

参加者の
20%が、
困ったときに
頼れる人がいると
感じている

ロールプレイは、参加者の社会性を育むのに効果的であることがわかりました。さまざまな役割やアイデンティティを演じることで、対人能力や共感力が高まるし、ロールプレイそのものが楽しい練習の場になるからです（たいてい、斧を持ったオーク族の大群から逃げながら、ですけれどね）。

　それだけではありません。参加者はときどき集まって新しいイベントを企画していたのですが、そのミーティングの進め方には目を見張るものがありました。私はミーティングを観察する中で、「空席の効果」に気づいたのです。
　それは、テーブルにいつも空いている椅子を用意しておいて、初めて来た人が仲間に入りやすくするという考え方です。
　ミーティングでは、あとから人が加われるように、先にテーブルについた人たちがかならず予備の椅子を用意していました。これは、人を受け入れる空間デザインのほんの一例です。
　3〜4人で立ち話をするときも、ミーティングの参加者は同じようにしていました。
　完全な円を描くのではなく、いつも円周の一部を空けておいて、新しく来た人が輪に入って会話に参加できるように工夫していたのです。

　人々が豊かに過ごす空間をつくるには、交流の場とそこでのルールをどうデザインするかを軽く見てはいけません。このオーク族やエルフ族たちは、他者と交流する際の壁を低くして、内向的な子もグループに加わりやすい場をうまくつくり出したのです。シンプルですが、どのような交流の場でも、職場でも、だれにでも簡単に応用できるコツです。

　行動や雰囲気に影響を与える「空席の効果」を目の当たりにしてからは、椅子の配置に気をつけるようになりました。
　たとえば、ハピネス・リサーチ研究所の職員を募集して、応募者と面接をするとき、面接官全員が応募者の真向かいに座ることがな

いようにしています。

　そのほうがくつろげる雰囲気ができますし、面接する側としても応募者にはリラックスしてもらって、最高の自分を見せてほしいからです。私たちは敵同士ではありません、それをわかってほしいのです。

ヒュッゲのかたち

———

　20年前、友人たちとコペンハーゲン中心部にあるレストランでディナーをしました。食事はすばらしく、ワインの種類も豊富で、心から笑いました。店を出ようとしたとき、ホールスタッフが「楽しい夜を過ごされたようですね」と声をかけてきました。
「いやあ、本当に。最高です」と私は答えました。
「あれは魔法の丸テーブルなんですよ」と、彼女。「あそこではみんないつもよい時間を過ごすんです。1卓しかないんですけれど」

　そのとき初めて、丸テーブルの利点に気づきました。もちろん、もっと前に、アーサー王伝説に注目すべきでしたね。ご存じのように、アーサー王は自分の城であるキャメロット城に王国の有能な騎士を呼び集め、円卓、つまり丸テーブルを囲みました。丸テーブルには上座も下座もなく、そこに座る者はみんな対等でした。丸テーブルは平等と平和をもたらすものと考えられていますが、じつはもっと日常的なよさもあります。くつろいだ雰囲気と、ゆったりとしたスペースを演出できるのです。

　丸テーブルに座ると、全員がお互いに目を合わせることができるので、四角いテーブルよりもパーソナルで親密な雰囲気が生まれます。みんなが会話に参加できるので、話し合いが深まり、自分のこととしてとらえられるのです。
　上座で話し合いを仕切る人もいなければ、下座で取り残される人もいません。ゲストの数が奇数でも、だれか欠けているようなスペースができずにすみます。

そのうえ、丸テーブルは四角いテーブルほど場所を取りません。角がなく丸いおかげで、表面積に無駄がないのです。できれば、お互いのひじがぶつかり合って、「機内食ごっこ」にならないようにしたいもの。だいたいですが、ひとりにつき60センチメートルの幅があれば、楽に座れます（もちろん、椅子の形状にもよりますが）。直径150センチメートルのテーブルは、円周が471センチメートルありますから、8人が座れます。直径120センチメートルのテーブルだと、6人ですね。

　とはいえ、うまくいかないこともあります。私がこれまで見た中で最大の丸テーブルは、円周が18メートルありました。「パーラメント・オブ・ネイチャー」（自然議会）と名づけられたテーブルです。2009年にコペンハーゲンで行なわれた国連気候サミットに合わせてデザインされ、つくられたものです。
　もちろん、丸テーブルの利点が生かせる大きさには限界があります。大きすぎるテーブルでは、向かいに座る人との距離が遠くて、会話が「絶叫コンテスト」になりかねません。「『だから／……』、『このさかな／……』、『ほんとうに／……』、『おいしいんだ／……』ってば!!」

幸せをデザインするヒント

活発な交流を生む椅子とテーブルのセッティング

　まずは「空席の効果」を生かします。さらに、ゲストを招く場合は、ゲスト同士の交流を深めるために、あなたがひと役買って出ましょう。たとえば、彼らの共通点や、興味のある内容を話題にします。「発酵について語らせたら、おそらくおふたりの右に出る人はいませんよ」のように。

　人数が多ければ、だれがどこに座るかを考えておくのもいいですね。

　家族だけの食事では、決まった席に座るのではなく、ときどき席替えをしてみるという手もあります。マンネリをなくすのにもってこいです。

ヒュッゲな会話

　親密と感じられる人はいますか？　頼れる人がいますか？　あなたのことを本当に理解してくれる人がいますか？

　こうした問いに対する答えは、幸せの度合いや、人生の意味に深いかかわりがあるようですよ。

　アリゾナ大学とセントルイス・ワシントン大学の研究チームが、会話についてのある研究論文を『サイコロジカル・サイエンス』誌に発表しています。人々の会話の内容と、幸せの度合いとの相関関係を検証したものです。

　この研究では、79人の被験者がICレコーダーを4日間携帯し、生活の様子を12分30秒ごとに30秒ずつ記録しました。研究チームはその後、起きて活動しているときの2万3,689シーンの記録をひとつひとつ分析しました。被験者はひとりでいるのか、だれかと会話をしているのか。たとえば、「あそこで何食べる？　ポップコーン？　おいしいよね！」のような雑談なのか、「彼女があなたのパパと結婚しちゃった!?　それなのにすぐに離婚しちゃったって!?」のような、もっと内容が濃く意味のある会話なのか、調べたのです。

　幸せの度合いを評価するため、被験者には心と体の健康に関する質問をしました。人生に対する満足度を0〜10の11段階で回答してもらうものや、「自分は人生に満足していて、幸せだと思う」のような〇×式の問いです。

　3週間後に、もう一度同じ質問をしました。その結果、心と体の健康の度合いは、他者と会話をする時間が長いほど高く、さらに雑談よりも意味のある会話が多いほうが高くなっていました。

幸せの度合いがもっとも高かった被験者ともっとも低かった被験者を比べてみると、前者は後者よりひとりでいる時間が 25 パーセント少なく、意味のある会話が 2 倍多くなっていました。もちろん、物事には反対の作用もありますから、幸せな人は多くの人を引きつけやすく、会話が深まりやすいのかもしれません。でもやはり、両方向とも作用していると思われます。

　つぎに、こんな疑問がわいてきます。どうすれば、もっと「意味のある会話」ができるのでしょうか？　最近ではたくさんの人が、会話のきっかけをつくるアプリやゲーム、カードを利用しています。そのひとつが、「ザ・ヒュッゲ・ゲーム」(The Hygge Game) というカードゲームです。
　「いろいろ考えるきっかけとなる質問が 300 以上。ゆかいな仲間との和気あいあいとした会話。夜のひととき、こぢんまりとしたパーティー、友人や家族とのディナーにぴったり」とうたい、ヒュッゲな夜にふさわしい雰囲気づくりを約束しています。
　正直にいうと、私は初めてこのゲームのことを聞いたとき、笑ってしまいました。お膳立てしすぎなんじゃないかと思ったのです。でもある金曜日、仕事のあとにハピネス・リサーチ研究所の職員と私でホットワインを飲もうというとき、このゲームを持っていきました。

　質問は、たとえば「最高の友人と過ごした最高の時間の思い出は、何ですか？」「子どものころ、両親に見つからないように隠したものはありますか？」「もし映画の主役になれるとしたら、どの映画がいいですか？」などです。
　そんな質問のおかげで、楽しく会話をして何時間も盛り上がりました。それ以来、研究所の職員とディナーや遠出をしたりするときには、「あのゲーム持ってきて」と言われます。ふだんはなかなかわからない相手の一面や、その人にまつわることを知るのにもってこいです。

アメリカの下院議員であるアレクサンドリア・オカシオ=コルテス氏も、毎週のスタッフ・ミーティングのとき、会話のきっかけにカードゲームを使っているとインスタグラムに投稿していました。「人生が豊かだと感じたのはどんなときでしたか」と書かれたカードの写真を添えて、「私はたいてい、話しすぎというくらい話してしまう」とコメントしています。また、彼女はカードゲームの質問は、チームメンバーが「1週間にわずかの時間で、もっと有意義な、人間としてのレベルで」お互いを理解でき、結びつきを深められるものだと評価しています。

「テーブルトピックス」（TableTopics）というカードゲームは、これまでに350万セット以上も売り上げています。
　たとえばこんな質問があります。「この部屋にいるだれよりも、あなたがよく知っている話題は何ですか？」「タイムマシーンがあるなら、どの時代に行きたいですか？」「何かのイベントで、会場から警備員に"エスコートされて"退出したことはありますか？」
　私の答えは、順に「幸せ」と「15世紀」、あとは「エスコート」の定義によりますね。

　この手のアプリやゲームが人気なのは、ありふれた会話以上のものをもとめる気持ちのあらわれでしょう。今日（こんにち）の二極化した世界では、会話の能力はいちばん見落とされているスキルかもしれません。本当の会話とは、つまり会話のコツともいえますが、話すことと耳を傾けることのバランスをうまく取ることです。
　そう考えると、人と人がつながるためのデザインを考える際には、テーブルの形だけに気を配ればいいわけではないことがはっきりとわかりますね。肩を寄せ合い、心を開くために、何をテーブルに持ち込めるか。そこにも目を向ける必要があります。

幸せをデザインするヒント

欠点を隠さずシェアする

　人とのつながりを深める最高の方法のひとつは、自分をさらけ出すこと。心を開いて、弱い自分を見せる勇気を持ちましょう。

　人生で最高の会話、つまり、つながりを生み、育むような会話は、私にも経験があります。始まりは、たいてい私やだれかが、悩みとか欠点を打ち明けるところから。

　おもしろいことに、不完全な自分や弱い自分を見せると、かならずとはいえませんが、ほぼ決まって相手も同じように接してくれます。

　20世紀でもっとも偉大な哲学者、くまのプーさんの言葉を借りれば、こうです。

　「リビングのすみっこで、だれかが来るのをじっと待ってちゃダメだよ。ときには自分から行かなきゃ」

沈黙を楽しむ

_____

　ふたりのデンマーク人が釣りに行きました。1日目、ふたりは黙って釣りをしました。2日目も、ふたりは黙って釣りをしました。3日目に釣りをしているとき、ひとりが話しかけました。「今日はいい天気でよかったね」。すると、もうひとりが答えました。「ここには釣りをしに来たんだっけ、おしゃべりしに来たんだっけ？」

　すでにお伝えしたように、デンマーク人は内向的な国民だと思われがちです。北欧人はみんなそうですね。

　北欧人の会話には、ほかのヨーロッパ人や、アメリカ人ともちがう特徴があります。北欧人は「沈黙」を心地よいと感じる傾向があるようです。つぎつぎと早口でまくし立てることも少ないです。

　いわゆるリアルタイムの多人数参加型ではなく、交代で話をするのが基本。オンラインゲームの「ワールド・オブ・ウォークラフト」（World of Warcraft）よりも、チェスをやるような感じでしょうか。スカッシュよりもボウリングに似ています。正しいたとえが示せているかどうか、ちょっと自信がありませんので、もう少しおつき合いくださいね。

　相手がひと呼吸置いたとしても、かならずしもそれは、自分が話す番が来た、という意味ではありません。相手はつぎに何を言おうかと考えているのかもしれないし、それまで話していた話題について、考えをまとめているのかもしれません。ですから、「沈黙」について見直してみましょう。

　なぜ、沈黙は気まずいと思われるのでしょうか。沈黙とは気まずいものではなく、思慮深さ、理解の深まり、価値のあるもの、心地よいものとして必要だとしたら、どうでしょう。

すばやい返事よりも、内容の濃い返事のほうがいいですね。１週間前に私が言ったことに対して、よく練られた反応が返ってきたら、それはつまり、私の話にしっかりと耳を傾けてくれた証拠。きっと、こんな言葉を添えて。「前回あなたがおっしゃったあの件について、よく考えた結果、おそらく解決策のひとつは……」。こんな返事のほうが、即答よりもずっと価値が高そうです。

　個人的なことをいいますと、私はデンマーク語を話すときよりも英語を話すときのほうが、ゆっくりしゃべります。適切な言葉を探すのに、ほんのちょっとだけ時間がかかるし、集中力も必要だからです。私がときどき不愛想な顔をしているのは、そういうわけです。幸せ研究家としては、ちょっと問題ですね。

　沈黙を心地よく感じられるように、会話が重要ではないアクティビティをするのもひとつの方法です。たとえば、カードゲーム、食事の準備、クイズを解く、など。ほかにも、手を動かしていれば、沈黙があってもさほど気にならなくなります。

　これまで耳にした最高の金言は、だれかが手に何かを持っているときに発した言葉であることが多いです。道具類、釣り竿、ビリヤードのキュー、ペンキ用のはけ、包丁、カードの手札、パズルのピース、テニスラケット、などなど。
　ヒュッゲな住まいでは、手に何かを持って活動するということが、自然に、そして頻繁に起こります。ですから、言葉がスムーズに出てくるのかもしれませんよ。

共有スペースのヒュッゲ

───────

　子どものころ、私と兄は近所の子どもたちと一緒に、通りでよく
スケートボード競争をやりました。いつも兄が１等で私が２等、通
りのいちばん先に住むカーステンとフィリップは３等、４等でした。
　私たち兄弟は袋小路に住んでいたので、車はほとんど通りませ
んでした。袋小路に建つ家のセールスポイントは、通る車が少なく、
スピードも出さないという点です。

　当時はそんなポイントについて知りませんでしたが、ご近所さん
の名前と飼っている犬の種類は、すべて覚えていました。ボクサー、
ゴールデンレトリバー、そしてオールドイングリッシュシープドッ
グです。両親は右隣に住むパーチ＝モラー家と仲がよく、芝刈り機
を共有していました。そこの飼い犬はシセという名のボクサーでし
た。私はシセと遊んだり、一家からコミックを借りたりしていまし
た。

　1960年ごろの典型的なアメリカン・ドリームは、袋小路にある
家に住むことで、それは今でも、幸せに満ちた郊外生活というイ
メージとして残っています。テレビドラマ『デスパレートな妻た
ち』に出てくるウィステリア通りみたいなものです（もちろん、殺
人事件はナシで）。
　そして、袋小路にある家はアメリカン・ドリームであるだけでな
く、不動産の価格を引き上げてもいるのです。住宅市場の専門家に
よる試算では、家を買おうと考えている人は、最大20パーセント
余分に払ってでも袋小路にある家をほしがるようです。

　アメリカでは、1930年代にはすでに、連邦住宅局が袋小路の人

気をふまえた対応をとっていました。碁盤の目のように整備された一般的な街路は、味気なくて危険性も高いとみなされるようになっていたのです。

　イギリスでは、1920年に建設されたウェリン・ガーデン・シティなどの田園都市には、かならず袋小路がありました。つまり、袋小路は1世紀以上にわたって、郊外のデザインのツールになっていたのです。

　でもこの何十年かのうちに、ウィステリア通りの人気はかげりを見せています。

　こんな批判もあります。「袋小路に住んだら、車に乗って長距離を移動せざるを得なくなる」「袋小路はコミュニティーを分断し、住民を歩いて行きづらい場所に追いやる」「袋小路に住んだら太る」

　郊外の袋小路のような分散したコミュニティーで暮らす人々は、密集したコミュニティーに住む人々と比べて、車に乗る機会が18パーセント多いというのは事実です。そしてさまざまな研究結果から、密集した都会で暮らす人は、無造作に広がった郊外に住む人よりもやせていて、心臓が丈夫であることがわかっています。

　コネティカット大学工学助教ノーマン・ガーリック氏とコロラド大学工学助教ウェスリー・マーシャル氏は、街路ネットワークの研究を行ないました。カリフォルニア州の24都市で、街路ネットワークの3つの基本的指標である密度、連結性、構成に注目し、それらが健康にどう影響するかを調べました。その結果、街路ネットワークがコンパクトにまとまっている地域ほど、肥満、糖尿病、高血圧、心臓病になる割合が低いことがわかりました。

　ところが、バルドスタ州立大学社会学准教授トマス・ホッシュチャイルド氏の説は、ちょっとちがいます。袋小路に住むと近所づき合いがよくなる、という説です。

　ホッシュチャイルド氏は、ある研究の中で、コネティカット州にある110軒の住まいを訪問しました。調査対象となった家は、3分

の1は行き止まりでない通り沿い、3分の1は円形の袋小路（家が花びら状に円を描いて建ち並ぶ場所）、3分の1は直線状の袋小路に建っていました。

そして、それぞれの世帯に、ご近所さんとの人間関係の性質についてたずねました。どのくらいの頻度で交流しますか？　お互いに助け合いますか？　食品の貸し借りはありますか？　質問は150項目ありました。

調査対象は、人口統計学的に見て似通ったコミュニティーに属している世帯です。そこに住んでいる期間、収入、子どもの数などの違いを考慮したうえで、ホッシュチャイルド氏は、袋小路というデザインには、近所づき合いや友人関係をよくする働きがあるようだ、と結論づけたのです。

袋小路では、40パーセントの住民が、前月に少なくとも1回、近所の人と食品や道具類の貸し借りをしていました（もちろん私も、どのくらいの量の食べ物を分けてくれるかで、友人関係の度合いを測りますよ）。通り沿いの家の住民では、19パーセントでした。

また、袋小路で暮らす住民の約30パーセントが、「お隣さんと仲がよいことは、とても大切なことです」という言葉に、「とてもそう思う」と同意しています。通り沿いの住民では、わずか5パーセントです。

円形の袋小路で暮らす人々に注目してみると、「私とお隣さんとの友情は、とても深いと感じる」という言葉に対して、おおむね26パーセントの住民が「とてもそう思う」と答えています。通り沿いの家の住民は、だれもそのように感じていません。

でも、おそらく袋小路の社会的な結びつきの強さをもっともよくあらわしているのは、こんなエピソードです。ホッシュチャイルド氏が調査しているとき、だれかが警察を呼んで、こう訴えました。

「変な人が来て、私たちの家のことを、何かかぎ回ってるんです」
　その人は袋小路の住民でした。

　袋小路をどんどんつくればいい、とおすすめしているわけではありません。でも、どうすればつながりの深い住まいや通りがつくれるのか、近所づき合いが深まるのか、と考えるのであれば、共有スペースがポイントになると思います。

　デンマークの慈善団体リアルダニアのミッションは、人間がつくる環境の中で生活の質を向上させることです。2020年には、研究報告書「人工的環境におけるデンマーク人」(Danes in the Built Environment) を発表しました。
　調査項目は、隣近所とどのくらいつき合いがあるのか、また、居住空間のデザインは、近所づき合いでどのような役目を果たすのか、などです。リアルダニアの研究では、アパートに住む2,300以上の世帯を対象にしました。

　調査の結果、家の外に手頃な共用スペースがあれば、ご近所さんと一緒に食事をとる回数がほぼ2倍になることがわかりました。そして、コミュニティー感覚は食事だけにとどまりません。何かを計画するときには協力し合います。空き巣が入らないように、お互いの家を見守り、ペットの世話を手伝ったり、物や道具類の貸し借りをしたりします。
　仲のよいご近所さんがいると、こんなふうに生活しやすくなるし、ヒュッゲの度合いも高くなりますね。でも、いちばん大事なことが、リアルダニアの報告でも示されています。ご近所さんとの関係が良好な人は、生活の質のレベルも高かったのです。

家の外の共用スペースが近所づき合いに与える影響

隣近所とのかかわり方	家の外にとてもすてきな共用スペースがある場合	家の外に一応の共用スペースがある場合	家の外に共用スペースがない場合
お互いの家を見守る	41.3%	29%	25.6%
物の貸し借りをする（食品や道具類など）	32%	24.8%	14.6%
食事に招待し合う	12%	7.9%	6.7%

幸せをデザインするヒント

どこに住んでいても、ご近所さんとつながる方法

　幸せになりたかったら、袋小路に住まないとダメ？　そうではありません。大切なのは、私たちは住む場所から影響を受けていて、袋小路に住むか、通り沿いに住むか、共用スペースがあるかどうかで状況がちがってくるのだ、と知ることです。コミュニティーの感覚があったり、仲よしのご近所さんがいたりすれば、だれだって助かりますよね。

　もしあなたが袋小路に住んでいて、歩く機会が少なくなりがちなら、それを意識して、夕食後に散歩をする習慣をつけましょう。ご近所さんと仲がいいほうなら、週に1回、犬の散歩を買って出てもいいですね。

　通り沿いに住んでいるのなら、コミュニティーという感覚を強化したいところ。近い5軒の家と一緒に、何かできませんか？　団結できる共通のプロジェクトはないですか？　芝刈り機を共同で所有してもいいですね。

　もしアパートに住んでいて、パーティーを開くつもりなら、「少しうるさくなるかもしれません」と、ご近所さんにあいさつするのを忘れずに。そして、誘えそうな相手なら、パーティーにお誘いしてみましょう。一緒になって楽しんでくれるかもしれませんよ。ご近所さんを家に招待して、友だちになりましょう。

　ヒュッゲな住まいというのは、ひとりぼっちと正反対です。自分の居場所があると感じるためには、ご近所さんとのつながりは不可欠。それでこそ、家の中にいても安心できるのです。

わが家の外は？
――建築とデザインで人をつなぐ

———

　エミルは、これから暮らすアパートのドアに鍵を差し込み、頬を緩めます。「新築の建物に引っ越して来られるなんて、最高だよ」。そう言って、辺りを見回します。33平方メートルの物件を、ルームメイトとシェアする予定です。寝室はそれぞれにひとつずつありますが、バスルームと間仕切りのないキッチンは共用です。

　家賃は月300ポンド（約56,000円）。市場価格よりも200ポンド（約37,000円）ほど安いお得物件です。今は家賃が値上がりし、学生、高齢者、難民など収入の低い人々がコペンハーゲンからどんどん締め出されているご時世。ですからエミルは、コペンハーゲンに周りを囲まれた小さな独立都市、フレデリクスベアでの暮らしが始まるのを心待ちにしています。大きな公園や並木道があり、街角ごとにカフェや専門店などがあるフレデリクスベアは、おしゃれで緑の多い都市として知られています。

　エミルの新しい住まいは、「ヴェンリボリ・プラス」（フレンドリーな住宅）と呼ばれるものです。このプロジェクトは、デンマーク人の日常に難民を招き入れようという活動家の発想から始まりました。難民の方々がデンマーク社会に溶け込み、デンマーク人と仲よくなるための支援を目的としています。デンマーク人の学生が難民の支援者となって、現実的な問題に対処するのを手伝い、デンマークという国への理解をうながします。40人のデンマーク人学生が、シリアやエリトリアなどの国々からやって来た若い難民と、一緒に移り住むことになっています。

エミルの住むアパートの建物には 37 部屋あります。学生と難民が隣同士で暮らし、お互いの生活を豊かにする小さなコミュニティーとなるように計画されました。人々がコミュニティーにすんなり溶け込めるようにするための、不動産プロジェクトです。洗濯室、みんなで交流するための屋上テラス、階段などが共用部分です。交流の場として利用できるように、ゆとりをもって広めにつくられているので、座ってコーヒーを飲んだり、おしゃべりをしたりすることができます。

　学生は難民のメンターとなり、支援者となることに力を注ぎます。学生のひとりであるエミルは、支援する予定の入居者 2 人とすでに会っています。「とてもいい人たちなんだ。仲よくなれると思う」と、エミル。「求職用の書類を書くのを手伝ってあげられるし、おしゃべりもできるよ。僕みたいなデンマーク人の友だちがいたら、言葉も学べるよね。このプロジェクトはすごいんだ」

　こうしたプロジェクトは、すべての街や都市で行なわれているわけではありません。でも、社会的な交流が、コミュニティーや家庭での幸せの度合いにどれくらい影響を与えるかという、とてもよい例ですね。社会的な支援は、満ち足りた生活を送るカギです。困ったときに頼れる人がいる安心感は、とても重要です。
　一方、支援する側になって、より満たされた暮らしを送ることもできます。ボランティアにいそしむ人は、生活の満足度も目的意識も高く、社会とのつながりが強いということは、研究結果が示しています。
　ヒュッゲな住まいとは、離れ小島のことではありません。もっと大きなコミュニティーの一部としての役目を担い、必要な人に支援とぬくもりを提供する場所でもあるのです。

幸せをつくるには
チェックリスト
————

- ❏ 調理や食事を準備する作業を、キッチンではなくディナーテーブルで行なう方法を考えましょう。家族での夕食の時間が長く楽しめますよ。

- ❏ 「空席」の効果を生かして、孤立する人をなくしましょう。

- ❏ 意味のある会話をうながすために、質問を考えましょう。

- ❏ ご近所さんともっと親しくなる方法を見つけましょう。

CHAPTER

6

—

ヒュッゲに働き、
ヒュッゲに遊ぶ

仕事は、家でできる類<ruby>たぐい</ruby>のものばかりではありません。私も、最近こそコンピューターに張りついていることが多いですが、以前は庭の手入れやスーパーの清掃の仕事をしたことがあります。クリスマスツリーの販売や映画館でチケット販売もしましたし、植物園で働いたことも、パン屋で夜勤（もちろんデニッシュづくり）をしたこともあります。どれも、家ではできない仕事です。

　2020年、ふたつのことが急速に全世界に広まりました。新型コロナとリモートワークです。それまで在宅ではできないと思われていた業務が、短期間で、オンラインに移行したのです。

　幸い、多くの人たちがリモートワークのよさを楽しむようになりました。それまで通勤に費やしていた時間に朝ヨガをしたり、午後を散歩の時間に充<ruby>あ</ruby>てたり。同時に、生産性は下がっていないという調査結果も出ています。

　このメリットには、企業ももちろん気づいています。今後の状況とは関係なく、「9時5時」という勤務形態はなくなるだろうと予測する人もいるくらいです。各企業が、多くの従業員の勤務形態をフレキシブルにすることで、自社所有の不動産や賃貸物件を整理して、オフィスのスペースを減らそうとしています。

「場所」の重要性が見直されるようになって、人々は生活の中心となる事柄についても考え直し、変える行動を起こし始めています。リモートワークができるなら、大都市の勤務先から遠くはなれた場所に住むことも可能です。住宅の価格が安い田舎に住みながら働くのはどうでしょう？

　ただ、従来の「9時5時」勤務に柔軟性を持たせるとなると、仕事とプライベートの境界があいまいになるというデメリットがあります。リモートワーク中は病気休暇を取りにくいと感じる従業員が多いという調査結果もあります。また、自宅はオフィスとちがって

人の目がないため、成果物や勤務時間を増やさねばと感じる従業員もいるようです。午後に散歩に出たら、夜遅くまで働いて「ちゃんと仕事してますよ」と同僚や上司にアピールしないといけないのでしょうか？　オフィスから遠ざかると、幸せまで遠ざかるのでしょうか？

　知識を共有する方法も、リモートという勤務形態に合わせていかなければなりません。私たちは、他人の会話から知識を得ているものです。若年層はとくに、オフィスでの仕事の場や世間話から何かを学ぶ機会をのがしていると訴えています。新しい職場になじみ、人間関係をつくるプロセスは、いっそうむずかしくなっているのです。

　では、バーチャルの団らん室はどこにあるのでしょう？　リモートワーク中でもチームの一体感を生み出し、スムーズに知識を伝えるにはどうすれば？　同居人のビデオ通話が聞こえないように、だれもが大きな家に引っ越さないといけないのでしょうか？

　経営コンサルタント会社のマッキンゼーが、パンデミック後の勤務形態の見通しについての調査結果を発表しました。ヨーロッパ、アジア、オーストラリア、南北アメリカの5,000人以上の従業員を対象に行なったアンケートで、約30パーセントが、再びオフィスでフルタイム勤務がもとめられるならば転職する可能性がある、と答えました。また、過半数（53パーセント）が、少なくとも週に3日は在宅勤務をしたいと答えました。

　私自身は、オフィスと在宅との組み合わせが好きです。オフィスでは同僚とつながっているので、協力してすぐに問題解決ができます。在宅では、複雑な仕事に集中できます。ちょっと休憩したいなというときは、洗濯物を干したりもできますし。

どのくらいの頻度で
在宅勤務を希望しますか？

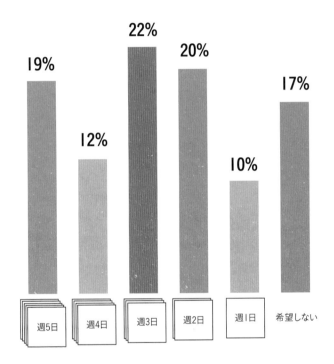

リモートワークは、心と体の健康によくも悪くも影響します。働く場所に今ほど大変革がもとめられたことは、過去にはなかったでしょう。やり方をまちがえれば、燃え尽きる人が後を絶たなくなります。でもうまく行なえば、幸福度がぐっと上がるかもしれません。

では、どうすればいいのでしょう？　心も体も健康でいるには、どのように自宅の環境を整えればいいのでしょう？

仕事の空間のデザイン、
6つのポイント

オン・オフを区別する空間づくり

　ハピネス・リサーチ研究所は、自宅の仕事場への満足度が高い人と低い人がいる理由を調べました。ある男性は、自宅で仕事用デスクを置いているエリアをカーテンで仕切るのが効果的だと答えています。仕事が終わったあとは、カーテンを閉じるだけで簡単にオフモードになれるのです。一方、ある女性は、仕事用デスクがつねにリビングから視界に入って、仕事モードから抜けられないということでした。

　目に入るものは精神状態に影響する、ということをしっかり心に留めておきましょう。仕事用デスクが見えると、仕事のことが頭からはなれなくなります。そのため、仕事の空間は、家の中の独立した場所につくるのが理想的。ドアやカーテンで区切り、仕事とプライベートを明確に分けることが大切です。

　ホーム・オフィスとして使える空き部屋を持っている人は、少ないのではないでしょうか。私も持っていません。でも、仕事部屋と寝室を兼用できる部屋ならあるのでは？　私の家にはゲスト用の部屋もありませんから、自宅で仕事を終えたあとは、ノートパソコンを目につかないところに収納しています。

　デスクは折りたたみ式にして、1日の終わりに片づけるのも一案。スペースが空きますし、仕事を思い出さずにすみますね。

ビデオ会議は
仲間に自分を知ってもらうチャンス

ビデオ会議中、同僚の背後にあるいろいろなものが目に入ります
よね。こうした品々には、オフィスで話しているだけでは知ること
のない、おもしろいエピソードや事実が隠れているものです。

イーナの好きな恐竜はアンキロサウルス。アレハンドロは氷の彫
刻が得意。マイカの後ろにある植物は、じつはニセモノで、4カ月
も水をやりつづけてから、やっとプラスチック製だと気づいたそう
です。それから、オノールの後ろの壁に貼られている賞状を見た私
は、子どものころ何年もスポーツをつづけていたのに、「グッドフ
レンド賞」（別名「スポーツが向いていないで賞」）のトロフィーし
かもらったことがないことを白状しましたよ。

休憩時間を確保する

ヒュッゲとは、頑張りすぎてしまう大人に休み時間をあげること。

自宅で仕事をするときには、忘れずに休憩を入れましょう。幸い
私の家のすぐそばには、コペンハーゲンでいちばんおいしいシナモ
ンパンをつくるパン屋があるので、休みなさいと言われなくたって
顔を出します。

ひたすら仕事に没頭してしまいがちな人は、決まった時間に友
だちと電話で話す約束をして、予定に組み込んでおくといいですよ。
こうすれば楽しみが待っていますし、約束のためにデスクをはなれ
ることになります。

心地よい家具を置く

ハピネス・リサーチ研究所では、デスクだけでなくソファーも自由に使えます。ウェルビーイングについての最新情報を読もうというときに、デスクからソファーに移れるのはラクチンです。自宅でも同じこと。さあ、読むぞ！　というときに、心地よい場所に身を置ければ、ヒュッゲの度合いが上がって楽しめます。

仕事の空間にも、住まいのヒュッゲを

ベッドに寝転がって作業をしては、生産性を最大にすることはできませんよね。とは言っても、味気ない環境で仕事をする必要もありませんから、仕事の空間にもヒュッゲを演出しましょう。植物を置いたり、できるかぎり日光を取り入れたりするのはもちろん、空間に質感を与える工夫もしてみましょう。私は自宅のデスクの下にふかふかのラグを敷いています。雪崩のように流れ込んでくるメールを処理するとき、気分を落ち着かせてくれるのです。

……ただし照明はヒュッゲの度合いを下げて

残念ながら、暖色の心地よいあかりは、注意力や集中力を保つのに向いていません。眠くなってしまうんですよね。仕事場には、白くて明るいあかりを使いましょう。

空間のデザインには、正解も不正解もありません。これだ、としっくりくるものが見つかるまで、あれこれとやってみることです。直感に反するようなアイデアでも、やってみなければわからないもの。

世界最大規模の２都市は、試行錯誤をしたからこそ今の姿になりました。
まず、コペンハーゲン。街の中心部にある全長１キロ以上のス

トロイエ通りは、ヨーロッパ最長の歩行者専用のショッピング街で、とても人気があります。

　1960 年代初頭、ストロイエ通りにはまだ車が走っていました。なんと、自転車を禁止して車の通行を優先させるという議論すらあったのです。ストロイエ通りを車両進入禁止区域にする案は物議をかもし、店主たちは店がつぶれてしまうと反対しました。立案したコペンハーゲン市長が殺害予告を受けたほどです。

　1962 年、試しに 6 カ月間だけストロイエ通りを歩行者専用にすることが決まりました。この試行期間は大成功し、その後、ストロイエ通りは完全に歩行者専用になり、範囲も拡大されました。ストロイエ通りの不動産は、今では国内最高レベルの値段です。

　この試みは、都市生活というものに対するコペンハーゲン市のアプローチを大きく変えるきっかけとなりました。歩行者と自転車にやさしい街づくりをし、車の利用を減らす方向性に転じたのです。

　それから約 50 年後、ニューヨークも歩行者専用道路を試しました。ブロードウェイのタイムズ・スクエアとヘラルド・スクエア周辺で、車の乗り入れを禁止し、歩行者専用ゾーンに変えてみたのです。人々が座れるように、椅子も置きました。この試みも大好評で、3 カ月後には完全に歩行者専用になったのです。

幸せをデザインするヒント

いろいろと手を加えてみる

　何より、あれこれとやってみることです。試してみること。実験してみること。

　とくに、同居人がいて、何というか、"変化を嫌うタイプの人"の場合、１カ月間だけ試して、どんな感じになるかを確認してみるのもいいでしょう。

　ベッドを別の壁側に動かしてみたり、壁を違う色に塗ってみたり、子どもが宿題をするテーブルをキッチンの近くに持ってきて、料理をしながら話ができるようにしてみたり、など。配置が変わると行動が変わって、幸せが増えるかもしれませんよ。

遊びの余地をつくろう

———

　16歳のとき、オーストラリアのニューサウスウェールズ州にある小さな町、ゴールバーンに住んでいました。ブラッドリー・ストリート136番地。交換留学生としていくつかの家庭にホームステイしましたが、そのひとつが、スティーブとキャサリンというすてきなご夫妻の家でした。このふたりとは今でも連絡を取っていて、つい先日も、スカイプをしながら一緒にコーヒーを飲んだところです。

　すばらしいステイ体験には、ふたりの愛犬マックスもひと役買っていました。毎日学校から帰ると、CDプレーヤーでアメリカのロック歌手、ジェリー・リー・ルイスの『火の玉ロック』をかけて、マックスと家じゅうを追いかけっこしたものです。これが放課後の日課となり、毎日の最大イベントにもなりました。今でもこの曲を聴くと、家の中を走り回りたくなります。

　人々が仕事に取りつかれている現代社会では、遊びが見過ごされ、過小評価されています。何か「創造的」な趣味でないかぎり、小ばかにされかねません。空き時間には執筆活動をしています、絵を描いているんですよ、ならOK。
『火の玉ロック』を歌いながら家の中を走り回ってるのは？　ダメみたいです。無意味だからと。でも、無意味だというところに意味があるのですけれど。

　遊ぶためだけに遊ぶ、というのは幸せに欠かせないこと。私が思うよい人生、つまり豊かな人生には、笑って、楽しんで、遊ぶ時間があります。
　こう考えるのは私だけではありません。LEGOが行なった調査

「Play Well study 2020」では、98 パーセントの子どもたちが、家族と共に遊ぶときに大きな幸せを感じると答えています。また 88 パーセントの子どもたちが、一緒に遊ぶことで親に自分をよりよく知ってもらえるとしています。

　遊びの利点については、親も子どもと同じ感想を持っているようです。10 人中 9 人以上という圧倒的多数の親たちが、遊ぶことで子どもとのコミュニケーションがうながされ、家族の絆が深まると述べています。

　ありがたいことに、世界の親の 95 パーセントが、遊びは子どもの幸せの基本であると考えています。子どもの将来の成功と心身の健康にとって、遊びは宿題と同じくらい重要だと回答しているのです。また、子どもの 91 パーセントが、遊びは両親の幸福度を高めると答えているのも興味深いです。

　LEGO ブロックは、おなじみですね。たぶん、デンマークが成しとげた人類への最大の功績です。「ヒュッゲ」や「アンデルセン」と肩を並べるレベルでしょう。でも「LEGO」という商品名が、デンマーク語で「よく遊べ」を意味する「LEG GODT」の短縮形だということは、ご存じでしたか。
　パンデミック中に私が正気を保てたのは、LEGO とパズルのおかげです。私だけではありません。消費者調査を行なう NPD 社の報告によると、パンデミックのとき、ボードゲーム、カードゲーム、パズルの売上が 228 パーセント上昇したそうです。

　こうした遊びは、人と人が向き合うことにもつながります。テレビに向かって並んで座るのにも、限界があります。きちんと向き合ってふれあう時間が必要です。家庭では、お互いの顔を見ながら行なうアクティビティを取り入れましょう。
　ティーンの子にはとくに有効です。ティーンの子を持つ親からは、子どもと会話し、心を開いてもらうのはむずかしいという声がよく

聞かれます。でも、アナログな遊びをしている間は、さまざまな会話ができます。

　かならずしも目と目を合わせなくてもよく、気まずい沈黙も、話さないといけないというプレッシャーもありません。話しても話さなくてもいいよ、ただ一緒に座ってこの楽しいパズルをやろう、私はあなたのためにここにいるよ、という空気がつくれます。

　ヒュッゲな住まいとは、遊びの価値を理解したつくりの家です。遊びをうまく生かせば、人とつながったり、自己実現のための新しいスキルを身につけたり、自己肯定感を高めて達成感を得たりできます。これはマズローのピラミッドの最上位にある、「自己実現欲求」、つまり「真の充足感」を与えてくれる欲求です。

　ところで、1,000ピースのジグソーパズルの最後の1ピースをはめる達成感って、瓶にでも詰めて取っておけないものか、なんて思ってしまいます。あれは唯一無二の感覚ですからね。

　それはさておき、ヒュッゲな住まいをつくるには、遊びをけっして忘れないこと。年を取ったから遊ばなくなるのではなく、遊ばなくなるから、年を取るのですよ。

　余談ですが、私が通っていた幼稚園では、悪ふざけをしたら座ってパズルをしなければならないという決まりがありました。これにはふたつの効果がありました。ひとつは、子どもたちを落ち着かせるのに役立ったこと。もうひとつは、ちょいワルなイメージを保つには、何よりもパズルをすることだと私が今でも信じていること。革ジャンにハーレーという格好のつぎくらいに、確実な方法です。私に1,000ピースのジグソーパズルをくれるなら、「理由なき反抗」のお手本を見せましょう。

ヒュッゲをデザインするヒント

アナログな遊びは、一体感をつくるヒュッゲ

アナログな遊びは、ヒュッゲな住まいの大事な要素だと思います。お財布にやさしいヒュッゲな遊びのひとつに、「シルド・イ・トゥナ」（Sild i Tønde）と呼ばれるものがあります。直訳すると「樽の中のニシンのように」という意味。この遊びは、英語では「サーディン」（イワシ）と呼ばれています。むかしながらのかくれんぼに似た遊びですが、ヒュッゲ度が高い、"逆バージョン"になります。

まず、オニをひとり選びます。ほかの全員は目をつむって立ち、家や庭の広さに合わせて 20 〜 50 くらいまで数えます。オニは目を開けたまま、隠れ場所を探して隠れます。数え終わったら、さあ、スタート。それぞれに散らばって、オニ探しです。最初にオニを見つけた人は「み〜っけ！」とさけぶのではなく、その場所でオニと体を寄せ合って一緒に隠れます。ここがヒュッゲなポイント。

つぎに見つけた人も、またそのつぎの人も、一緒になってそこに隠れます。するといつの間にか、みんな「樽の中のニシンのように」体を寄せ合っているのです。そしていちばん最後に残ったひとりが、つぎにオニの役をします。幼いお子さんがいるなら、ぜひやってみてください。大喜びしますよ。

これは、家で大人数で過ごすときにぴったりな遊びですが、少人数でできる遊びもたくさんあります。カードゲームやボードゲーム、ジグソーパズルなどのアナログゲームを、見える場所にいつも置いておきましょう。ネットフリックスというお手軽コースではなく、アナログゲームを選びましょう。

遊びは人とのつながりを育む

――――

　何年か前、パリで開催されたワークショップに参加したときのこと。最初に、みんながお互いを知るために、ちょっとしたアクティビティが行なわれました。チームに分かれ、各チームにはミカン、ストロー50本、テープ1巻が配られました。ストローとテープを使って、ミカンを支えるものをつくるというアクティビティです。制限時間は15分、いちばん高い位置にミカンを置いたチームの勝ち。

　会場にはあっという間に熱気がみなぎりました。あちこちでアイデアが飛び交い、大の大人たちが笑いながら遊んだのです。

　どのチームが勝ったのかは忘れてしまいました（私のチームでなかったのは確かです）が、会場を満たした熱気とみんなの楽しそうな笑顔は覚えています。15分前にはまったく知らなかった人たちと、熱心に話し合ったことも。

　遊びは人をリラックスさせ、つながりをつくってくれます。ですから、異なるグループをひとつにまとめるには、遊びが効果的かもしれません。

　数年前、私の誕生会でバーベキューをしたのですが、その前にちょっとしたテニス大会を開きました。テニスの上級者と初級者がダブルスを組んでプレイをするのです。優勝したのは、フランス人のグザビエ＆オーストラリア人のカーラ組。でもテニスに参加した人はみんな、新しくできた友だちと一緒にバーベキューをすることができました。

遊びと笑いは、交流のためのすばらしいツールです。メリーランド大学の教授であるロバート・プロヴァイン氏は、笑い、しゃっくり、あくび、そのほかの人間行動の基礎を研究しました。そして、集団の場ではプライベートな場と比べて、笑いの頻度が 30 倍も高いことを見いだしました。

　ほかの人の笑い声が聞こえると、笑いやすくなり、ジョークをおもしろいと感じやすくなります。コメディードラマなどで、観客の笑い声や笑いの効果音がよく使われるのは、このためです。また、コメディー映画を映画館で観たほうが、自宅のテレビでひとりで鑑賞するよりも、つい笑いが出ることが多いでしょう。

　一説には、笑いの起源は発話よりも古く、親しみを示す重要な手段だったといわれています。悪意はないよ、仲間になろうよという意図を示す手段だったというわけです。現代でも、笑いは人と人との絆を育んで交流を深める重要なツールになります。笑い声が、話し声よりも動物の鳴き声に近いのは、このためかもしれません。怪しい者ではありませんよ、とお互いにシグナルを送るようなものですね。

　それに、笑いは伝染します。知人の笑い声にはつられやすいものですが、「Laughter Chain」（笑いの連鎖）をグーグルで検索して、動画を観てみてください。ニコリともせず見終えることができますか？

　人を笑わせる方法を知りたければ、ユーモアを研究するリチャード・ワイズマン氏の研究が役立つかもしれません。2001 年、彼は「英国科学協会」（British Science Association）と連携して、どのようなジョークが人を笑わせるのかを科学的な手法で探りました。「LaughLab」というウェブサイトを立ち上げ、ジョークの投稿と評価を呼びかけたところ、4 万件の投稿があり、70 カ国の 35 万人が評価しました。その結果、短いジョークのほうが笑いを誘いやすい

ことがわかりました。たとえばこうです。

「野原に2頭の牛がいました。1頭が『モー』と言いました。すると もう1頭が『オレも今そう言おうとしてたんだよ!』」

また、何をおもしろいと感じるかには、文化的なちがいがあることも示されました。アメリカ人は、人を小ばかにするようなジョークを好むようですが、ヨーロッパ人はシュールなジョークを好みます。たとえば、つぎのような。

「ジャーマン・シェパードが電報局に行って、申し込み用紙にこう 書きました。『ワンワン。ワンワン。ワンワン。ワンワン。ワンワン。ワンワン。ワンワン。ワンワン。ワンワン。』
　窓口の担当者は用紙を確認して、ていねいに犬に言いました。『9 語ですね。同じ値段で、あとひとつ「ワンワン」を送信できますが、どういたしますか?』
　『でも、』と、犬。『そうしたら、メッセージが伝わらなくなっちゃ うんだ』」

要するに、ワークライフ(仕事をする生活)をデザインするときには、遊び心を取り入れるべきだと言いたいのです。同僚とのつながり方や、根を詰めすぎない工夫、多くの時間を過ごす仕事場の飾りつけなど。雰囲気を大事にすることが、ヒュッゲ。
　そして、いつでもどこにでも、ヒュッゲがあっていい。ヒュッゲを住まいにしか取り入れないのは、もったいないですよ。

最後に、私は仕事が幸せの源になると思っていますし、そうあるべきだと思います。だれもが人生の目的と意義を感じながら、適切な日々の流れに乗って生活できることが大切です。
　それに満ち足りた人生を送るには、達成感が得られなくてはなりません。同時に、プライベートが充実する形でワークライフをデザインしたいもの。このバランスをうまく取るのは簡単ではありません。つねに気を配り、よく考えて調整を重ねていく必要があります。

そのために大事なのは、同僚とのつながりやすてきな環境をつくり、生活にヒュッゲを増やして楽しくすること。そして、余暇を充実させて遊びを楽しむことです。

　ヒュッゲに働いて、ヒュッゲに遊びましょう。

幸せをつくるには
チェックリスト

———

❏ 在宅勤務をするなら、仕事と遊びを視覚的に切りはなす工夫をすること。あれこれと試行錯誤をして、最適なセッティングを見つけましょう。

❏ 純粋に遊びを楽しむこと。最後に遊びの予定を入れたのはいつでしたか？ 仕事や運動はスケジュールに組み入れても、遊びは忘れてしまいがち。楽しむ時間をかならず取りましょう。

❏ アナログゲームを目に見える場所に置いておくこと。コンピューターの画面からはなれ、大切な人たちと顔を合わせながらふれあう機会がつくりやすくなります。

セザンヌ効果

第二次世界大戦中のロンドン大空襲の際、イギリス庶民院の本会議場が焼夷弾で破壊されました。そのため1943年、庶民院の議場をどのように再建するかが話し合われました。

　アメリカの議事堂のように半円形につくり変えるか、元と同じく、与野党が対面して座る長方形にするのか。長方形なら、与党議員が議場の反対側へ移動したとき、政権側に賛同せず野党に鞍替えする意思がひと目でわかります。ウィンストン・チャーチルは、元どおりにつくるべきだと主張しました。

　チャーチルは、元の議場の形が二大政党制の根幹を成していたと考え、「イギリスの議会制民主主義の核心」だと述べて、「われわれは建物を形づくり、その後に、建物がわれわれを形づくる」と強調しました。

　1945年5月に敷地の整備が始まり、5年後には元の議事堂と同じような建物が完成しました。与野党が対面する並びで座る議場の構図も元通りで、活発で徹底的な討論が行なえます。互いの側のじゅうたんに1本ずつ引かれた赤い線も、元と同じです。この2本の線の間の距離は剣の長さ2本分だといわれ、討論中はこの線よりも前に進んではいけないことになっています。

　建物は元のように小規模で、議場の座席は議員数646人に対し427人分のみです。これもチャーチルの意向でした。全議員が座れる広さにすると、討論が行なわれるときに大半のケースで議場はガラガラで、活気のない雰囲気になると考えたのです。

　庶民院で優れた発言をうながすには、対話のスタイルで討論を行ない、ぱっと気軽に議論に割り込んで意見交換ができるようなセッティングが何よりも大事だとチャーチルは考えていました。

　私もチャーチルと同意見です。人前で話す機会が多いのでわかるのですが、200人収容の会場に110人が入るよりも、100人収容の会場に110人が入るほうがずっといいのです。

このエピソードは、私たちの環境やデザインの選択を通して、歴史やアイデンティティーまでがあらわになるという、ほんの一例にすぎません。色の選択、置く家具や装飾についても、私たちについての何かを明らかにし、私たちが何者であるかを思い起こさせます。

　住まいも、議事堂と同じです。「静粛に！」お聞きください。
　住まいは、私たちがどのような生活を送り、自分自身をどうとらえているかを体現しています。
「帰属意識」と「アイデンティティー」の感覚が住まいのカギとなるのです。
　これは、ハピネス・リサーチ研究所の調査でも裏づけられました。
　ヨーロッパ全土の１万3,000人以上に調査した結果、住まいへの満足度につながる感情のうち、「アイデンティティー」は17パーセントを占めていました。住まいは自身の大事な一部で、自分が何者でどこからやって来たのかを物語ります。住まいには、自分が周囲からどう見られたいのかがあらわれます。

　アムステルダム在住の40代半ばの女性、エレンはこう言っています。「住まいは、自分らしくいられて、くつろげる場所。住まいには自分のアイデンティティーがあって、住まいと私はつながっていると感じさせてくれる」

　また、自分らしい住まいには誇らしさを感じやすく、「自己肯定感」（自己承認欲求）を育む場所になっていることもわかりました。
　マズローの欲求のピラミッドの階層では、「承認欲求」は「社会的欲求（帰属と愛の欲求）」のすぐ上に位置づけられています。満ち足りた生活のために重要な欲求です。

ハピネス・リサーチ研究所は、調査内容に自己肯定感の評価基準を取り入れたいとき、「ローゼンバーグ自尊感情尺度」をよく用います。

「私にはけっこう長所があると感じている」「私には誇れるものが大してないと感じている」といった記述に対して、どの程度「そう思う」のかを回答してもらうのです。

　住まいは、自分の人生が集約され、自分にどんな資質があって、何が誇れるのかを思い出させてくれる場所であるべきです。思い出や物語の宝庫。ヒュッゲな住まいには個性があります。

　私自身そうなのですが、ほかの人の本棚に並ぶ本を見てみたくなりませんか？　何に興味があるのか？　私と同じ本を読んだか？　フィクションが好きか？　ナポレオンの伝記が3冊あるけれど、この1冊はほかの2冊とはどうちがうのか？　などなど。

　家を訪れると、その人に対する理解が深まるものです。そしてヒュッゲな住まいでは、人と人がお互いにつながり、より有意義な関係や内容の濃い会話が生まれやすくなります。

　これは、一朝一夕に起こるものではありません。イケアが2020年に発表した、「家での暮らし調査（Life at Home Report）」によると、「家は、自分の望む暮らしに適したデザインである」という記述に「強くそう思う（住まいに満足）」と回答した割合は、若い年齢層では25パーセント、高齢者層では49パーセントでした。年齢を重ねた人たちのほうが2倍も高かったのです。

　ヒュッゲな住まいとは、自分らしい住まい。住まいは自分のアイデンティティーをあらわしますが、チャーチルがいうように、自分を形づくるものでもあります。双方向の関係なのです。

イケア
「家での暮らし調査」

49%
が住まいに満足

25%
が住まいに満足

16 〜 24歳　　　　　65 〜 75歳

ピラミッドのペントハウス

すでに書きましたが、住まいの重要な役目は、もちろん、基本的なニーズを満たすことです。マズローの欲求のピラミッドの基底にある安全、保護、心地よさの感覚。でもそれだけではなく、住まいは欲求ピラミッドの最上位、つまり自己実現に生かすこともできるのです。

マズローの説では、私たちのすべての欲求は階層を成していて、安全欲求、帰属と愛の欲求、承認欲求といった基本的な欲求が（ある程度）満たされなければ、階層の上位にある自己実現の欲求を満たすことはできません。

「自己実現」とは、才能を発揮し潜在能力を開花させること。これは、だれもが持っている欲求ではないでしょうか。「なれる自分」「なりたい自分」になることに結びつく、幸せへのカギです。

自己実現は、利己的な取り組みであると誤解されがちですが、他者への思いやりや関心、そして全人類との一体感を伴ってこそ、本来の自己実現だと理解するべきだと思います。自分のスキルや才能を人類全体に役立てるにはどうすればいいだろう？　と考えるのです。

マズローは、自己実現をかなえた人物として、フランクリン・ルーズベルト夫人のエレノア・ルーズベルトやアインシュタインを例にあげています。
ふたりは、私にも着想を与えてくれました。
10年前にハピネス・リサーチ研究所を設立したとき、アイン

シュタインの「成功者になろうとするな。それよりも、価値ある人間になりなさい」という言葉が背中を押してくれたのです。

「でも、自己実現はどんなふうに幸福に結びつくの？」という声が聞こえてきそうですね。その質問を待っていました。
　ではここで、心理学者のスコット・バリー・カウフマン氏の研究を紹介します。
　コロンビア大学とペンシルベニア大学で健康について講義しているカウフマン氏は、2018年の研究論文で、自己実現が心身の健康にどう結びついているのかを示しました。

　カウフマン氏は、500人以上を対象に、自己実現の度合いをたずねるアンケート調査を行ないました。たとえば、「生涯のうちに、自分には果たすべき重要な任務があると感じる」「恥じたり申し訳なく思ったりせずに、自分の変わった特徴や欲望もすべて受け入れている」といった記述に対して、どの程度「そう思う」のかを問うものです。また、心と体の健康の度合いを示す指標も取り入れました。
　調査の結果、「人生への満足」「好奇心」「自己受容」「好ましい人間関係」「自律性」「生きがい」の度合いが高いほど、「自己実現」度合いも高くなっていました。「人生への満足」と「生きがい」は、ハピネス・リサーチ研究所が幸福度を調査するときに重視している評価基準です。
　そして、このふたつの度合いを高める大きな原動力になっているのが、「自律性」と「好ましい人間関係」です。

　では、住まいは自己実現に向けてどのように役立てられるのでしょうか？　それには、自分のやりたいことを思い出させてくれて、やる気が起こる空間をつくることです。
　ここで、自宅の部屋がどのような影響を与えるのかを、くわしく見ていくことにしましょう。

幸せをデザインするヒント

欲求ピラミッドの５段階をひとつひとつチェックする

住まいがどのように役立つのかを考えてみましょう。

幸せな人生というのは、安全に生きながらえることだけではありません。マズローの欲求のピラミッドで物質的欲求の上位にある、帰属と愛の欲求、承認欲求、自己実現の欲求も満たしたいもの。

住まいは、雨風をしのげればよいというものではありません。安全と帰属の感覚をもたらしてくれ、人とのつながりや豊かな暮らしを生むものであるべきです。そんな住まいは、私たちを「生存」から「繁栄」へと導きます。単なる居場所ではなく、心のよりどころとなります。

住まいは、こうした高次のニーズを満たすのに役立つもののはずです。

生理的欲求

住まいが、基本的なレベルでどのように自分を支えてくれているかを考え、そのひとつひとつに感謝しましょう。「ありがとう」は、ヒュッゲの重要な側面。見過ごしていませんか。

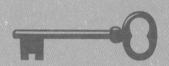

安全の欲求

守られていて心地よいという感覚は、だれにも共通です。ヒュッゲな住まいでは、自然に肩の力が抜けるものです。

帰属と愛の欲求

住まいは、みんなが集まるヒュッゲの拠点。親しい人、大好きな人を招いてふれあう場所です。人を家に招待すると、自分のことをもっとよく知ってもらえ、絆も強まります。

承認欲求

思い出の品々を家のあちこちに飾って、自分がしてきたこと、大好きなこと、通ってきた道、自分の長所を認識するきっかけをつくりましょう。

自己実現欲求

行動は、環境に影響を受けるもの。もっと幸せになれるよう、自分の行動をうながしてくれる住まいにしましょう。

第二のわが家

———

　私は仕事で世界中を飛びまわっています。2019 年は、南はケープタウン、北はバンクーバー、西はサンティアゴ、東は北京へと飛び、30 以上の都市で講演を行ないました。外国への旅というと、楽しくエキゾチックなものに思えるでしょうが、よいことばかりではありません。

　空港でさんざん待たされたり、体内リズムが乱れたり。それでも、世界中のすてきな人たちと出会え、さまざまな空間が気分や行動にもたらす影響を体感できます。

　たとえばパリなら、座ってコーヒーを飲み、のんびりと周りをながめていたいと思うでしょう。滞在しているホテルの部屋によっても、気分が変わるものです。

　ここで、まったく異なるふたつの体験を紹介しますね。

　ある年の 12 月、清華大学で講義をするために北京へ行きました。中国は初めてでしたし、北京ってすごいなあ、あとでかならず街を散策しなくちゃ、と最初は思っていました。

　ところが、滞在したホテルの部屋が、とてもすてきだったのです。豪華というのではなく、心がこもっていました。ゲストにわが家のように感じてもらうにはどうしたらいいだろう、と考えてつくられた部屋です。

　植物をいくつか飾り、棚には何冊か本を並べ、ちょっとした気づかいが見られます。その本というのも、読んでみたくなるようなものや、少なくともページをめくってみようという気持ちになるものばかり。だれかの住まいのような空間でした。

　個性が、魅力が、アイデンティティーがあったのです。その年に泊まったどのホテルよりも、わが家のように感じられた場所でした。

北京の街を散策したかったはずが、ホテルから出る気が失せてしまうくらいに。

　その数カ月前には、真逆の体験をしていました。顧客とのミーティングがあって、ベルリンに滞在したときのこと。顧客の本部近くのホテルを予約していました。
　部屋には、ホテルによく置かれている家具がそろっていました。ベッド、ナイトテーブル、小さなディナーテーブルと4脚の椅子まで。でも、魂がないのです。

　ナイトテーブルに写真立てが飾られています。中の絵は、おそらく写真立てについていたものでしょう、羊の絵でした。有名な羊でもありません。クローン羊のドリーでもないし、村上春樹の羊でもない。
　この部屋に「モノ」はそろっていましたが、心づかいは感じられませんでした。愛がないのです。

　何かを感じる場所、というのは存在します。ホテルでも、ちっぽけなアパートや大邸宅でも、温かく迎えられたと感じる場所。北京のホテルの部屋はそんな空間でした。第二のわが家のようでした。ベルリンのホテルの部屋はよそよそしく、ただの通りすがりの場所に感じられました。

　このような体験を経て、部屋や家について新たな問いかけをするようになりました。見栄えではなくて、そこで時を過ごしたいと感じるかどうか、を考えるようになったのです。
　この空間で自分は何をするのだろう？　どんな気分の部屋にしたい？　部屋のデザインは、そこで過ごす人の気分や行動にどんな影響があるだろう？

　舞台は脚本に影響を与えます。行動を左右するのです。サッカーの試合会場とレストランとでは、ふるまいが異なるように。でも、

空間がインスピレーションとなり、ひいては行動に影響を与えるということが身に染みてわかったのは、のちにセザンヌのアトリエを訪れてからでした。

　セザンヌのアトリエは、南フランスのエクス=アン=プロヴァンス郊外の急な坂の上にあります。緑豊かな庭に囲まれた２階建ての家で、薄い黄土色の外壁に、赤茶色の雨戸がついています。２階の作業空間には、北側一面に大きな窓、南側には小さな窓がありました。
　これは、絵を描くにあたって可能なかぎり最適なあかりを調整するためです。太陽光は必要でしたが、直射日光は不要だったのです。そして壁のペンキの色も、床素材にタイルではなく木が使われていることも、光の反射でまぶしくならないための工夫でした。

　北側の窓の横には、巨大な郵便受けのような縦長の開口部があります。幅は30センチほど、高さは床から天井近くまである風変わりな穴です。これは、大きなキャンバスをアトリエに出し入れしやすいようにつくられたものでした。

　1902年から、1906年に亡くなるまで、セザンヌは毎朝ここで制作にいそしんでいました。私が訪ねたときも、まるでたった今までセザンヌがそこにいたかのように、山高帽やコートが置かれていました。イーゼルや静物画のモデルに使われた物たちも、そこかしこに見られます。
　フルーツボウル、ガラス瓶、オリーブを入れる鉢、キューピッド像、テーブルクロス。

　セザンヌは、自分の思いどおりにこのアトリエをつくらせたのです。そう、明らかにただひとつの目的のためにデザインされていました。絵を描く場所として、可能なかぎり最適な状態をつくるという目的です。
　ここで生み出された数々の名画は、今では世界有数の美術館に展

示されていますね。マズローの言葉は言い得て妙です。「最終的に幸福になりたいのであれば、音楽家は音楽をつくり、画家は絵を描き、詩人は詩をつくらなければならない。人は、なれるものにならなければならない。この欲求を、自己実現と呼ぶことができる」

さて、私には絵を描く才能も興味もありませんでした。私の最高傑作は、7歳のときに描いた、大好きな漫画『ラッキー・ルーク』の表紙の写し絵です。こんな私でしたが、セザンヌのアトリエに足を踏み入れ、完璧なあかりの中に立ってみて、生まれて初めて絵筆を手に取りたくなりました。絵を描きたい、と思ったのです。

セザンヌのアトリエは、こんなにも強烈なインスピレーションと意欲を与えてくれました。セザンヌのアトリエで、私も自分の仕事場を作品の執筆に適した場所にしようと考えたのです。

本はすべて、仕事場に置いています。読み終えたアメリカの小説、読みかけのロシアの小説。そして、旅での冒険と探検を連想させる品々も。たとえばインドネシアのお面、モロッコのランプ、スピアフィッシングの道具もあります。

自分のルーツを思い出させてくれる品々も置いています。祖父の農場が描かれた絵画、祖父が私の父に贈った1960年代のカメラ、樹齢100年の桜の木の枝で叔父と一緒につくったスツール。記憶を呼び起こすものばかりです。執筆するとき新たに振り返りたい物語や体験が、私の仕事場にはたくさんつまっています。

ある青年から譲り受けた、韓国のお面もいくつかあります。彼は母親を自死で亡くし、現在は韓国で、精神病に関する社会的偏見をなくすための活動に取り組んでいます。だれもが仮面をかぶることなく過ごしてほしい、という願いをもちながら。

私がいつもロンドンで宿泊しているホテルには、レオナルド・ダ・ヴィンチの『白貂を抱く貴婦人』の複製画が全室に飾られてい

ることを、以前、著書『The Art of Making Memories』（未邦訳）で書きました。本の刊行と同時に、出版元のペンギン・ランダムハウスのチームが、その複製画をひとつ贈ってくれて、これも、仕事場に飾ってあります。

　出版デビューを果たした自分へのごほうびに買った、記念の椅子もあります。読書用のデイベッドも。執筆の第一歩は学ぶことですからね。

　そして、もちろんデスク。ウォールナット材で、天板の表面は黒いリノリウム（訳注：亜麻仁油などを原料に製造される天然成分の建材）。さあ、ここで執筆しましょう、と語りかけてきます。

　何だか、恥じらいもなく「そう、私とセザンヌは完全に意気投合。創造力にあふれる天才なんだ」と豪語しているみたいですね。もっと謙虚にならなくては。

　冗談はさておき、ポイントは、部屋や住まいはインスピレーションを与えてくれるということ。目標とする自分になろうという意欲を生む場所なのです。

「ハウジング」という言葉は、名詞ではなく動詞のようです。そう、そうであるべきです。

　建築とデザインは、つねに私たちを花開かせ、幸せな住まいは、私たちが情熱を追いもとめ、なりたい自分になる手助けをしてくれます。これが「セザンヌ効果」——住まいが着想を与え、自己実現をうながしてくれるのです。

　チャーチルの言葉をもう一度。「私たちは建物を形づくり、建物は私たちを形づくる」のです。

　つぎは、住まいがいかに私たちの身体や知性を形づくるのかを示す例を、見ていきましょう。

本棚を充実させる

ひとつ質問をします。あなたが16歳の頃、家には何冊くらい本がありましたか？

本棚の幅1メートルは約40冊に相当します。私の場合、350冊くらいでした。

なぜこの質問をしたかというと、気づかぬうちに空間がいかに個を形づくるかを示す例だからです。

オーストラリア国立大学の研究グループが行なった調査では、まさにこの問いかけをしました。そして31カ国の16万人以上から得られたデータを、識字能力や計算力に関する情報と組み合わせて分析しました。

家庭の平均蔵書数はトルコの27冊からエストニアの218冊まで、国によって大きな差があります。そして、両親の教育レベルや職業、読書量は、子どもの識字能力を予測する要因となっていました。でもそれだけではなく、16歳のときに家にあった本の冊数からも、識字能力が予測できるのです。識字能力に影響を与えるほかの要因を適切に考慮に入れても、この結果です。

国別の家庭での平均蔵書数

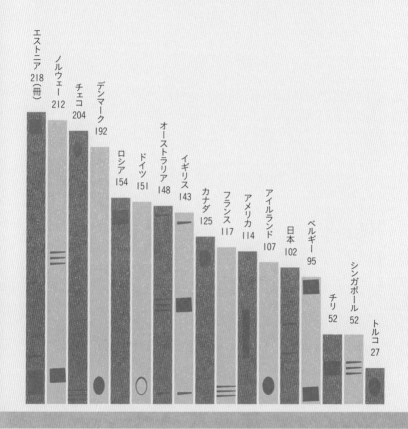

エストニア 218（冊）
ノルウェー 212
チェコ 204
デンマーク 192
ロシア 154
ドイツ 151
オーストラリア 148
イギリス 143
カナダ 125
フランス 117
アメリカ 114
アイルランド 107
日本 102
ベルギー 95
チリ 52
シンガポール 52
トルコ 27

調査によると、家に本がまったくない16歳の子どもは、大人になってからの識字能力も計算力も調査データの平均以下でした。

　一方で、中学卒業程度の教育しか受けていない、本がたくさんある家庭で育ったティーンは、「本の少ない家庭で育った大卒者と同じくらいの識字能力、計算力、技術的素養を大人になったときに持っていた」ということです。

　家に本を増やしたほうがいいですね。子どもには本に親しんでもらいましょう。

　膨大な量をそろえなくてもいいのです。研究によると、80冊程度で識字能力は調査を行なった国の平均レベルになり、350冊を超えるとそれ以上の効果は見られないそうです。80冊もかなりの量ですから、近所の古本屋さんに通うといいですね。

　「本とか読書とか、興味ないんだ」と言う人もいるでしょう。では、3つ言わせてください。

　ひとつ目、残念ですがあなたと私の友情はここまでです。

　ふたつ目、住まいや部屋が行動に影響を与えるということがポイント。部屋の環境が異なれば行動も変わるので、本があるだけでちがいが生まれます。

　3つ目、古代ローマの政治家で学者のキケロは、「本のない家は魂のない肉体のようなもの」と述べたそうですから、お忘れなく。

　キケロが言いたかったのはもちろん、本のない家はヒュッゲに欠けているということですね。

　この言葉の現代版としては、アメリカの俳優で映画監督のジョン・ウォーターズがこんなことを言ったそうです。「もし行きずりのだれかの家に行き、本がなかったら、その人とベッドインしちゃダメ」。つまりこれは、本がなければヒュッゲはない、ということでもありますね。

　本は、まず私たちが住まいを形づくり、そして住まいが私たちを

形づくるということを示す一例にすぎません。

ユニバーシティ・カレッジ・ロンドンが行なったある研究では、イギリスで 2000 〜 2002 年に出生した 1 万 2,000 人以上の子どもたちのデータを用いて、子どものころの状況が成長後の生活にどう影響しているのかを長期にわたって追跡しました。

7 歳の時点で、約 50 パーセントの子どもの寝室にテレビがありました。4 年後、この子どもたちが標準体重を上回る割合は、寝室にテレビがない場合と比べて、男児で 20 パーセント、女児で 30 パーセント高くなっていました。

同カレッジの疫学・ヘルスケア研究所に所属する執筆責任者、アニャ・ハイルマン博士は、子どものときに寝室にテレビがあることと、数年後に肥満気味になることとの関連性は明らかだと述べています。小児の肥満を予防するには、寝室のテレビを考慮すべきとしているのです。

私自身を振り返っても、これは正しいと思えます。

子どものころ、私たち家族は別荘地のコテージで夏を過ごしていました。コテージに 1 台だけあったテレビは 14 インチの白黒で、電波も悪かったので、ほとんど観ませんでした。1992 年の夏、14 歳だった私がテレビで観たのは、サッカー欧州選手権のデンマーク対ドイツ決勝戦だけです。デンマークの勝利でしたよ！

テレビ画面は薄型化していますが、子どもたちは厚みを増すばかり。

子ども部屋も、自分の部屋も、どうデザインするかが健康や豊かな生活に直結するのです。

幸せをデザインするヒント

まずは部屋の役目を考えて

　私たちの行動に家具がどれほど影響を及ぼすか考えて選びましょう。

　照明、絵画やポスター、椅子やソファーなど、よくある品々で部屋を埋め尽くすのではなく、まずはその部屋に何をもとめるか考えます。空間の中心にあなたを置く、より人間的なアプローチです。もし迷ったら、つぎの質問を自分に問いかけてください。

　・この部屋にはどんな役割を果たしてほしい？
　・この部屋でどんなニーズを満たし、どんな望みをかなえたい？
　・人との交流のための部屋？　ひとりでくつろぐ部屋？
　・この部屋で心地よく過ごすには、何が必要？

　せまい家や部屋に住んでいるなら、どの役割が重要なのか、何にスペースを割けばいいかを考えて、優先順位をつけなければならないかもしれません。

　理想の夜の過ごし方は、友人とのディナーパーティー？　それとも、『ロード・オブ・ザ・リング』を観るほうが大事？

　答えがわかれば、ダイニングテーブルとソファーのどちらに大きなスペースを割り当てたらいいか、決めやすいですよね。

　絵を描くのが好きなら、そのための空間づくりをしましょう。セザンヌのように、完璧なあかりや、巨大な窓を備えるのは無理としても、イーゼルを置いてみるとか。静物画の素材を置くこともできそう。ワインボトル、水差し、フルーツ皿。頭がい骨は……やめておきましょうか。

　ヒュッゲな住まいとは、自分が何者なのか、どうすれば幸せなのかを思い出させてくれる空間です。大好きなことをするための空間づくりをしましょう。

わが家の外観は？
──記憶が薄れていく中で

自宅への帰り道に迷ってしまったとき、その家ならではのアイデンティティーが重要な意味を持ちます。たとえば個性的な玄関ドアだと、自宅にたどり着きやすくなるでしょう。

オランダの小さな町、ペイナカーに一軒の介護施設があります。この施設の部屋のドアは、すべて統一されています。飾り気のないオレンジ色のドアに、青のドア枠。

認知症を患う人たちにとって、新しい家（多くの場合、サービスつき高齢者向け住宅）への引っ越しは問題が生じやすい。ここはどこ？　私の家はどこ？　という状況です。

ところがオランダのある会社が、住む場所が変わることの負担を減らし、新しい場所が少しでもわが家らしく感じられるようなシンプルなアイデアを思いつきました。

施設の部屋のドアを、新しい入居者が見慣れているドアに似せてはどうか、と考えたのです。あるドアは美しい木彫りの見かけで、あるドアは色ガラスのモザイクに似せています。また別のドアは、落書きされているかのような見た目、といったように。

以前住んでいた家の玄関ドアの写真を、新しく入居する部屋のドアに貼っているのです。

50年間も「わが家」のシンボルだったドアかもしれません。

写真が撮れない場合は、カタログから、元の家のドアに似たものを選べます。

これで、入居者は自分の部屋を見つけやすく、部屋をまちがえにくくなります。

　でも何より、高齢者向け住宅には病院のような冷たい雰囲気がただよいがちですが、こうすればもっと家庭的で親しみやすい場所になります。

　何十年も過ごしたわが家がなくなっても、帰属と愛の欲求はけっしてなくならないのです。

幸せをつくるには
チェックリスト

———

❑ 住まいは、あなたのどのようなニーズを満たしてくれているでしょうか？
安全や機能性などの基本的なことから、人間関係のサポート、アイデンティティーの肯定、ひいては自己実現にいたるまで、すべて考えてみましょう。

❑ 自分ならではの住まいをつくりましょう。
持ち家でも賃貸でも、ここは私の場所だ、と感じられる住まいづくりが大事。自分が何者なのかをあらわす住まいになっていますか？

❑ 見た目にとらわれすぎず、まずは機能を考えて。
住まいの空間は、あなたをどのような気持ちにさせ、どんな行動へと誘うでしょうか？
デザインが与える影響にも気を配ること。椅子やソファーは、あなたをテレビに釘づけにするような配置ですか、それともおしゃべりに適したものですか？
テレビが部屋の中心的な位置にあるなら、キャビネットにテレビを置いて、観ないときには扉を閉めて隠せないでしょうか？

❑ 行動をうながす装飾を取り入れましょう。おじいさんの古いタイプライターを見ると、文字を教えてもらったことを思い出すなら、本棚やデスクのそばなどに置くといいですね。

CHAPTER

8
—

ヒュッゲは
手づくり

昨年の秋、私は友人のミッケルと一緒に、ビールの醸造を学ぶ講座に参加しました。その日の午後、4時間かけてホップ、麦芽、酵母と楽しくたわむれたあと、自転車の後ろのかごに16リットルのIPAビール（訳注：ホップを通常より大量に使用してつくられるビール）を積んで、家に帰りました。

　でも、ビールづくりのプロセスは、まだ始まったばかりでした。そこから2週間かけて、酵母が糖分を食べ、炭酸ガスとアルコールを生み出します。つまり、ヒュッゲな魔法が起こるわけです。

　ビールは気密性の高い発酵槽に入れて保管。すると、炭酸ガスが発生して、しゅわしゅわとヒュッゲな音をたてるビールになります。発酵槽は自宅の仕事場に置いていたのですが、においが強すぎて、私はアパートの別の場所で仕事をせざるを得なくなりました。ヒュッゲを味わうには、多少の犠牲はつきものです。

　発酵のプロセスが終わったら瓶詰めし、さらに数週間かけて熟成させると、ほどよい味のビールができ上がりました。

　時間がかかるし、作業も多いですが、そのプロセスはすべてがヒュッゲでした。私は「ヒュッゲなビールづくり」と名づけました。

　『ヒュッゲ365日「シンプルな幸せ」のつくり方』（三笠書房）をお読みになった方なら、私のリモンチェッロ（レモン酒）づくりをご存じでしょう。どちらも同じくらいヒュッゲでしたね。つぎは、リンゴ酒づくりかな。

　ヒュッゲのカギは、手づくりです。仕込みでも醸造でも発酵でも、それが進む過程を観察できるのは、何とも気持ちがなごみます。ヒュッゲなスローフードづくりの中でも、発酵はもっともわくわくするプロセスだといえるかもしれません。

　幸せのレシピには、楽しみに待つことも入っているようです。ですから、2カ月くらいかけてつくる食べ物を選んでみましょう。キムチとかリンゴ酒でもいいですね。とっつきやすく、塩レモンはいかが？　とても簡単ですが、おいしくて見た目もすてきです。

幸せをデザインするヒント

塩レモンのつくり方

　塩レモンにすると、レモンの苦みがなくなり、凝縮された強烈な香りが生まれて、まったくちがうレモンに変わります。すっぱい香りがたまりませんよ。

　塩レモンは、レモンのいいとこどりです。

1. ジャムの空き瓶を用意して、きれいに洗いましょう。それを煮沸消毒しますが、熱湯には気をつけて。やけどはヒュッゲではありませんね。

2. レモンを1個か2個、絞ります。

3. それ以外のレモンはよく洗って、四つ切りにします。このとき、完全に4分割にはしないで、端っこはくっついたままにしておきます。

4. 1個ずつ塩をたっぷりとすり込み、それを瓶の中に隙間なく詰めます。

5. さらに上から、たっぷりの塩と絞ったレモン汁を入れ、全部のレモンが浸かるようにします。

6. 冷蔵庫か、直射日光の当たらない涼しい場所にある棚に瓶をしまいます。1カ月か、できれば2カ月の間、そのまま置きます。

7. ラム肉のキャセロールやモロッコ風サラダにかけると、最高です！

ヒュッゲな食べ物とは、シンプルな材料からどうやって最高のフレーバーを引き出すかに尽きます。そしてときには、時間も不可欠な材料です。

　手づくりの料理は、安上がりで健康によいだけではなく、私たちの幸せに欠かせない何かを与えてくれます。

　そう、つくった料理をテーブルに出すときの達成感や満足感です。

　でもいちばん大事なのは、料理とは愛の行為である、ということ。相手のことを大切に思い、大切な人たちに喜んでもらうために準備して、つくったんだよ、ということを示すことなのです。

　ヒュッゲはキッチンで起こります。ホームパーティーでも、もり上がる場面は、たいていキッチンが舞台ですよね。

　ですから、私は建材会社のアングリカン・ホーム・インプルーブメントの委託で行なった最近の調査結果を見て、とても嬉しかったのです。

　この調査では、イギリスで持ち家に住む 1,000 人を対象に、何が住まいをくつろぎの場所にするのかをたずねました。

　建物を、ささやかな楽園に変えるものは何でしょう。

　興味深いことに、物質的なものはトップ 5 に入っていませんでした。物として最初に登場するソファーは、第 7 位。

　くつろげる場所になくてはならないのは、愛、笑い声、家族と一緒にとる食事ということでした。

住まいをくつろぎの場所に するものは?

項目	割合
幸せ	57%
愛	51%
安全と安心	50%
笑い声	44%
家族や友人との食事	43%
料理をしているときのおいしそうなにおい	43%
座り心地のよいソファー	42%
風呂とシャワー	40%
毎週洗いたてのシーツ	39%
食べ物でいっぱいの冷蔵庫	39%
額に飾ってある家族や友人の写真	39%
ペット	36%
子ども	32%
サンデーロースト(イギリスの伝統的な食事)	32%
夏に庭で行なうバーベキュー	32%
収集したもの(本、絵画、DVDなど)	31%
家の中の自分だけの場所	30%
にぎやかなお祝い	25%
居心地のよい部屋のすみ	25%
ふかふかのクッション	23%
冬の暖炉	22%
キャンドル	22%
ホリデーの写真	20%

食べ物を楽しむ

─────

　私のお気に入りの写真は、1894年にメイン州の森で撮影された
ものです。10人の男女がおめかしして、ピクニックを楽しんでい
ます。それぞれが三日月形にスライスしたスイカを口元に、特大の
笑顔を浮かべているように見えます。みんなの口はスイカの陰に隠
れていますが、とても楽しそうなのがわかります。

　たった1枚の写真ですが、食べ物と幸せの関係を示していますね。

　おそらく食べ物は、時間や場所を超えて、もっとも基本的な幸せ
の元なのでしょう。

　イギリスの哲学者ベンサムは、幸せを数値であらわそうとした
最初の人物のひとりです。ベンサムによれば、人間は快楽を最大に、
苦痛を最小にしようと行動します。彼の「幸福計算」の公式は、あ
る行動がどのくらい快楽や苦痛を生み出すかを計算するものです。

　幸せについての議論では、快楽主義や、それを提唱したギリシ
ア人哲学者エピクロスがよく引き合いに出されます。エピクロスは、
快楽があって苦痛がないことが、完璧な幸福へとつながると信じて
いました。また、別の学派の哲学者アリストテレスは、意味のある
生活を送り、徳の高い行ないをすることで、充実した人生と幸福が
得られると考えました。今日（こんにち）の幸せの感覚は、このふたつの学派に
おおもとをたどることができます。

　私が考える充実した人生には、両方の学派の要素が入ります。こ
のふたつがあれば、豊かで満たされた人生を送れるのではないで
しょうか。

そんなわけで、ヒュッゲな住まいとは、食べ物にまつわる喜びや楽しさに関係します。

　ですが、最近では、その食べ物を悪者扱いするようになっていませんか。食事を楽しむことに、罪悪感を持たなければならないような、おいしいものを食べることは罪だとか。

　ヒュッゲは、ちょっとした喜びにすぎません。焼きたての手づくりパンの味とか、コーヒー豆の袋を開けた瞬間の香りとかです。カロリー計算と同じくらい気をつけて、食べ物がもたらしてくれる楽しみや喜びを計算してみたら、どうなるでしょう？

　ベンサムも、その点では私の味方についてくれるはずです。私たちは、食べ物に対する認識を改める必要があると思うのです。

　健康というものが、単に病気でないというだけではなく、身も心も、そして人間関係も満たされているという状態を指すとしましょう。それなら、健康によい食べ物とは、私たちを幸せにするもの、心地よさと喜びを与えてくれるもの、そして人と人とをつなげてくれるもの、ということになります。

　アメリカのフードライターであるメアリー・フィッシャーも、1954年に出版された名著『食の美学』（サントリー）で、そのことにふれています。
「仲のよい友だちと（中略）食卓に並んだおいしい食事があれば（中略）当然、こう聞きたくなるでしょう。今を生きなくて、どうするの？」

　ヒュッゲとは、家庭での生活を楽しむこと、感謝すること、喜びをかみしめること、食事を楽しむことです。そして、そこには、材料に対する興味も入ると思います。

　自分で食べる物を自分で育ててみたい、という気持ちもそうかもしれません。

ヒュッゲを家で栽培する

　家をくつろぎの場所に変えるものについての調査では、調査対象者の考える理想的な住まいについてもたずねました。その結果、自分で果物や野菜を育てられる場所がほしい、と回答した人が少なからずいました。

　すでに家庭菜園をつくっている人もいて、こう答えています。
「一歩外に出ると、世界はおかしなことになっているけれど、わが家では、自分たちが食べる物を育てています。自給自足を目指しているんですよ。
　私にとって、ここは安全な場所の象徴なんです。方舟のようなものですね」

　バークシャーに住む30代のステファンは、聞き取り調査のあとに、こう書き送ってくれました。
「伝え忘れたことがあります。理想的な住まいについてですが、私は家庭菜園をつくるか、温室がひとつかふたつついた区画を借りられるといいなと思っています。自分で野菜や果物を育てたら、楽しくて、健康によいし、実用的で、癒やしにもなるでしょう。自給自足で家族の食べる物をまかないたいという願いにもつながると思うのです」

　ささやかな土地の一画で、自分が食べる野菜を育てることを夢見ているのは、私ひとりではないことがわかります。
　今のところ、私の最大の収穫は、窓辺で育てている小さな唐辛子だけですが、ちょっとした成長も楽しんでいるところです。
　花から小さな実になるまで観察し、実が緑色から赤色に変わるま

で見届けます。

　最後はタコスに入れて堪能します。

　料理と同じことが、自分で野菜を育てることにも当てはまるのではないでしょうか。何かが進化して純粋においしいものになると、達成感や満足感がもたらされるのです。

　つぎにわが家の家庭菜園に加わるのは、ヒラタケの予定です。

　コーヒー豆の出がらしで育つんですよ。

幸せをデザインするヒント

窓辺の家庭菜園

　すべての家に庭があるわけではないですね。私も、人生の大半をアパートで暮らしてきました。でも、地面でも植木鉢でも、植える場所の広さに合った育てやすい野菜はたくさんあります。ですから、広いスペースが野外になくても、心配は無用です。窓際で栽培することから始めましょう。簡単に育てられるものをいくつか紹介します。

1.　ラディッシュ。歯ごたえがあり、サラダに入れるとピリッとした風味が加わります。
2.　ホウレンソウ。シチューやカレーに入れると、しんなりしておいしいですね。
3.　マイクログリーン（訳注：発芽して1〜3週間くらいの若い芽）。どんなメニューにも、トッピングとして添えられます。
4.　唐辛子。窓辺で育てると生活にスパイスが加わります。
5.　トマト。あっという間に成長します。伸びていく様子が観察できるかもしれませんよ。お子さんがいらっしゃるなら、トマト栽培から始めるといいかも。
6.　キュウリ。小さめの品種を選びます。つるが上に向かって伸びていけるように、つるが絡まるためのひもを張りましょう。
7.　イチゴ。室内で育てれば、甘い実をめぐって鳥と争わずにすみますね。
8.　バジル。手づくりのバジルソースをパントリーに加える第一歩です。
9.　ショウガ。種ショウガの上から、1〜2センチメートルくらい土をかぶせましょう。直射日光は不要です。暖かい一角に置きましょう。
10.　パセリ、セージ、ローズマリー、タイム。サイモン＆ガーファンクルの『スカボロー・フェア』が完璧に歌えますね。

心地よさの種

コペンハーゲンにハピネス・ミュージアムをオープンさせるのに先立ち、その人にとって「幸せを象徴する物」を紹介してもらうというコンテストを開きました。思いのほか多くの応募がありおどろきました。ぜんそくの吸入器、ウエディングケーキの飾り、マラソンのメダル、トマトの種。種は、アメリカに住むケイティが送ってくれました。

ケイティは、2006年に父親が亡くなったときに、遺品のシャツをどうしても捨てることができず、保管していました。家族で引っ越すときも、持っていきました。

亡くなって10年目を迎えるにあたり、ケイティは母親ときょうだいのために、そのシャツをキルトに縫い直そうと思い立ちました。

シャツを確認していると、古い植物のとげや、ポケットの中の綿ぼこりを見つけました。その綿ぼこりに種が2粒くっついていたのです。ケイティの父は、ガーデニングが趣味だったのです。

ケイティがその10年物の種を植えてみると、数日後、小さな芽が出ました。水と液体肥料を与えて育てたところ、その種は、なんと3メートルの高さにまで成長したのです。トマトでした。

これをきっかけに、ケイティはガーデニングに取り組むようになりました。父のトマトの苗から種を取り、乾かして保管し、翌年また庭に植えたのです。

その後、彼女は愛する人を失った友人たちに種を分け与え始めました。このアイデアが大きく育ち、ケイティは現在、「コンフォート・シード」という団体をつくり、子どもたちを支援しています。

コロニヘーヴ(市民農園)
──ヒュッゲを収穫する

───

　砂利道を踏みしめる音に、鳥の声が混じります。遠くで、土を耕している人がいます。辺りには、エルダーフラワーの香りと、近くでだれかが焼いているアップルタルトのにおいがただよっています。

　私は、コペンハーゲン市内やその周辺にたくさんある市民農園のひとつに来ています。菜園用の小さなスペースとカラフルな木造小屋がセットで割り当てられる農園です。

　コペンハーゲン市民はここに来て、土を耕したり、気分転換をしたりすることができます。

　市民農園は、デンマーク語で「コロニヘーヴ」。スローでシンプルなアウトドアライフでつくる、まさにヒュッゲです。

　割り当てられる区画は最大400平方メートル。小屋に住むのは、通常は4月から10月の間だけで、1年を通しては住めません。いずれにしても、それ以外の季節は寒すぎるし、小屋も小さく、断熱性が高いともいえません。

　コロニヘーヴの始まりは、デンマークの過密都市に暮らす労働者階級の家庭が利用する菜園であり、娯楽の場です。

　「貧しい人の庭」という言葉で表現されることもありました。

　金銭的に余裕のない家庭の食卓に、新鮮なフルーツや野菜を届ける手段だったのです。

　今では、コロニヘーヴの小屋はヒュッゲの度合いがとても高いとみなされていて、そこが所有できると豊かな気分になります。

小屋のいくつかは 20 平方メートルにも満たず、こぢんまりとしていますが、とてもヒュッゲで、シンプルな生活を新たなレベルへ引き上げてくれます。

　私は、土を耕している男性と話をしました。
　彼とそのご夫人は、コペンハーゲン中心部に大きなアパートを所有していますが、毎年夏には、少なくとも 4 カ月間、幼い息子さんと共にここで過ごすそうです。
「ここだと、ちがう形で家族が一緒になれるんです」と彼は説明してくれました。
「ただ一緒に過ごすだけ。野外で、心地よく。ほら、ヒュッゲでしょ」

　ご夫婦は自分たちの区画で 15 種類の野菜を育てていて、リンゴの木も 2 本あります。
「私は IT 業界で働いていて、仕事は楽しいです。でも、自分が食べる野菜を自分で育てるほどの満足感は、得られないですね」

幸せをデザインするヒント

食べ物を無駄にしないのがヒュッゲ

　近年の調査によると、イギリスの一般家庭では、1年間に450万トンもの食料を捨てているそうです。お金に換算すると、140億ポンド（約2兆5,860億円）にもなります。子どものいる平均的な家庭では1年間に700ポンド（約12万9,000円）分を捨てている計算です。

　そして、アメリカの廃棄量はさらに深刻です。複数の調査結果から、アメリカの一般家庭では生産された食料の30〜40パーセントを捨てていることがわかっています。

　アメリカ農業経済学会の機関誌である『農業経済ジャーナル』によると、平均的なアメリカ人家庭では1年間に1,866ドル（約27万円）分もの食料をゴミにしています。

　さらには、食料の廃棄は地球温暖化ガス排出の原因にもなっていて、排出量の6〜8パーセントをも占めているのです。

　幸い、食べ物の無駄をなくすために、キッチンでの行動を工夫する方法はあります。

・冷蔵庫の一角を「消費期限間近の棚」にしましょう。すぐに食べた
　ほうがいいもの、あと数日で傷んでしまいそうなものを置く場所です。
　今日、明日中に食卓に出すべきメニューが、わかりやすくなります。

・残り物レシピのレパートリーを増やしましょう。トマト数個、チーズ
　2かけら、タマネギ1個、ズッキーニ半分、もうすぐなくなりそうな
　瓶入りオリーブ、中途半端に残った肉がありますか？　それなら今
　晩はピザですよ！
　スープ、リゾット、シチュー、キャセロールなどにも、残り物を使い
　切って、新しいメニューがつくれます。

・ベリー類やそのほかのフルーツで、傷みかけのものは、ジャムにし
　たり、焼いてケーキにしたりするといいでしょう。リンゴ、ルバーブ、
　オレンジはありますか？　オーブン用のフライパンに適量の砂糖を溶
　かして、バターとフルーツを加えます。そして数分間、火をとおし
　ましょう。フライパンを火から下ろして、数分さまします。それから、
　フルーツをパイ生地で覆い、端っこを包み込みます（砂糖がまだ熱
　いので、気をつけて）。フォークでパイ生地に穴を開け、200℃に温
　めたオーブンで25分焼きます。10分間さましてから、フライパンに
　お皿をかぶせ、ひっくり返しましょう。ほら、タルトタタンのでき上
　がり（リンゴを使った場合）。ヒュッゲな午後に向けて準備万端です。

・パーティーのあとに食べ物がたくさん残ってしまいますか？　ゲスト
　のために、お持ち帰り用の袋を用意しましょう。でも、もっといい
　やり方がありますよ。1年に一度、持ち寄りパーティーを開きましょ
　う。そして、ここが肝心。持ち寄るものは、残り物でつくった料理
　か、すでに冷蔵庫に入っていたものにするのです。味はもちろんの
　こと、お友だちの創造性にもびっくりしますよ。

幸せをつくるには
チェックリスト

——

- ❏ スローフードがおすすめ。IPA ビールでも、塩レモンでも、でき上がりを楽しみに待てる食べ物をつくりましょう。

- ❏ 喜びの種をまきましょう。唐辛子でもトマトでも、植木鉢で育てても地面で育ててもかまいません。収穫も、とてもヒュッゲですね。

- ❏ 食べる楽しみをじっくりと味わいましょう。お気に入りのメニューは何ですか？　月に一度は、自宅で料理をする時間を持ちましょう。

さいごに

魂を癒やす場所

私の２冊目の本『リュッケ　人生を豊かにする「６つの宝物」』（三笠書房）の中で、ビブリオセラピー（読書療法）について少しふれました。

　ビブリオセラピーとは、自分と同じような問題を抱えている人のストーリーを読んで、問題解決に役立てる手法です。

　私は言葉が持つ癒やしの力を今もひしひしと感じていますが、ウィリアム・ジークハルト氏の体験を聞いてからは、その思いをさらに強めています。

　数年前、私は『アイドラー』誌が主催するロンドンのイベントで講演したのですが、ジークハルト氏もこのときの講演者のひとりでした。

　詩は人に元気を与え、癒やす力があると信じているジークハルト氏は、「癒やしのための詩」を広めようと尽力しています。

「私は、８歳で寄宿学校に入れられました。だれも愛してくれる人のいない遠い場所に子どもを送るという、英国の奇妙な伝統にならったのです」と、ジークハルト氏は話しました。

「幼い私は、さみしくて、こわかった。どうしようもなく不幸せだった。友だちがいなかったとき、気づけば詩が友だちになっていたのです」

　ジークハルト氏は、この数年でイギリス全土の1,000人以上の悩みを聞き、その人たちの苦しみがやわらぐような詩を選んで贈っています。彼はこれを「詩の調剤」と呼んでいます。

ジークハルト氏は、人はみんな、どこに住んでいようとも、同じ問題を抱えているということに気づきました。じつのところ、私たちが直面する問題や不安の種類はそんなに多くないのです。そして彼は、こうした問題や不安に対して詩を処方してきました。

　最大の不安は何か、それは孤独です。

　孤独を癒やす薬として彼が選んでいるのは、14世紀のペルシアの詩人、ハーフェズが書いたつぎのような短い詩です。
「見せられるものなら見せてあげたい。あなたが孤独なとき、あるいは暗闇の中にいるときの、あなたという存在のすばらしき輝きを」

　詩は魔法の薬、私たちが今この瞬間に感じている気持ちは、どこかでだれかが感じたことがあるのだと教えてくれます。

　自分だけだろう、と思っていたことが、じつは人間ならだれもが抱く感情で、その本質をだれかが詩という形に込めてくれたのです。

　詩は、作者と読者が互いに手を取り合う方法、人間の本質にふれる方法です。

　この詩は700年前に生きたペルシアの詩人と自分はさほど変わらない、と気づかせ、さみしさをやわらげてくれます。

　さらに時代をさかのぼり、古代ギリシアのテーベの図書館を訪れたとしましょう。

　図書館の扉に、「魂を癒やす場所」という言葉を探し出すことができるでしょう。

　図書館だけでなく住まいも、魂を癒やす場所になることが、私の願いです。さらにいえば、過去のペルシアの詩ばかりに癒やしをもとめるのではなく、同時に未来にも目を向けて、つながりや帰属の感覚が生まれるデザインを考えてほしいのです。

「癒やしのための詩」と同じように、「美しいだけではないデザイン」を生み出してほしいのです。

私は、デンマークの非営利団体「インデックス・プロジェクト」が１年おきに授与している「インデックス賞」の結果に注目しています。

　この団体は「生活を向上させるデザイン」をモットーに掲げ、その実現に向けて取り組んでいます。インデックス賞は、デザイン賞としては世界最大級で、「デザインのノーベル賞」ともいわれます。

　賞金は50万ユーロ（約7,900万円）。何百もの候補作から、「身体」「住まい」「仕事」「遊びと学習」「コミュニティー」という各カテゴリーの受賞作がひとつずつ、合計５つ選ばれます。

　これまでの受賞作をいくつか紹介しましょう。

　プラスチック製の携帯用浄水器「ライフストロー」は、細菌に汚染された水を浄化して、感染症を防ぐことができます。

　持ち運べる寝袋「ストリートスワッグ」は、路上生活者が雨風をしのいで、なるべく快適に暖かく過ごせるようにとデザインされたものです。

　また、都市向けの垂直農法システム「スカイグリーンズ」は、農業による環境負荷を軽減するデザインです。

　自転車に乗る人が首の周りに着けるエアバッグ「ホーブディング」は、事故が起こるとふくらんで頭部を守り、衝撃をやわらげます。

　そう、ここデンマークでは、自転車のために何かをつくると賞がもらえるんです。

　こうした受賞作は、デザインとは見た目の美しさを超えたものだということを示しています。

　デザインのあるべき姿とは、人々が抱える問題の解決策を生み出すこと。

　ちがった、よりよい世界を想像し、それを実現するためのプランをつくることです。

　その「世界」には、そう「住まい」も含まれています。

この本は「To Do リスト」ではありません。

ヒントを得るためのカタログ、あるいは参照用リストとして活用してください。

私の願いは、環境は身体の健康だけではなく精神の健康にも影響を与える、という認識を高めてもらうこと。そして、住まいによって私たちの感じ方がどう変わるのかを、じっくり考えてもらうことです。

住まいや仕事場の環境をどのようにデザインし、形づくり、維持していくかを自分自身でコントロールし、その環境の中で自分らしく輝いてほしいと願っています。

現在、イギリスの約3分の1の住民が、自宅は単なる居場所で、心のよりどころではないと感じています。これは、喜びをもたらすような空間や場所をデザインできれば変えられるはずです。

ヒュッゲを取り入れれば、物理的な家を心のよりどころに変えられると私は信じています。つながっている、ここに属していると感じられる住まい、植物の成長に喜びとやすらぎを見いだす住まいがつくれるはずです。

ヒュッゲを取り入れて住まいや仕事場をデザインすれば、人との絆の深さや、満ち足りているという感覚が、豊かさの尺度になります。

ご近所さんと共有する道具や、暮らしを照らす陽の光、子どもたちの遊び方や、スパイスの効き加減が。

そして何より重要なのは、本当に大切なことに時間を割けるような空間をつくることです。小さな予算で大きな暮らしができる空間を。

手づくりがこのうえない幸せのレシピなのだ、と教えてくれる空間を。

PICTURE CREDITS

謝辞

　この何年もの間、多くの方たちが私に住まいを見せてくださり、私の中で、ヒュッゲな住まいとは何かという考えが形になりました。

　どの場所も、見せていただいたことに感謝しています。

　裏庭にトンネルを掘った家。トカゲのジョージが階段の下に住んでいた家。7人の撮影班が入れるくらい広いキッチンがあった家。マットレスで寝かせてくれた家。いつでも、もう1本ワインを開けさせてくれる家。シーズンが過ぎてもヤドリギを飾ったままにする家。ドゲットがヘビを見つけた家。「メキシカントレイン」ゲームをしている家。「冴えた頭と引き締まったお尻に！」と言って乾杯する家。いつも夕食が楽しみな家。いつもクロッケーをしている家。エリザベス女王のクリスマスのスピーチを起立して聴く家。パリについての謎解きをした家。いつでも漫画本を貸してくれた家。アイルランドの民族音楽が流れている家。いつも木の香りがする家。ホストが私たち全員の名前を覚えてくれた家。ラトビアで最高のバンドのメンバーが住む家。私のためにかならずコーヒーを用意してくれる家。映画『アメリカン・パイ』を途中までしか観られなかった家。夫人にキスをしてもらえる位置にご主人が座っていた家。クロスワードパズルにのめり込んで午後を過ごす家。カードが配られ、ウイスキーが注がれる家。『火の玉ロック』がいつでも流れている家。そして最後に、ペンギンたちのいる家。こうした場所を見せていただけなかったら、私の原稿が日の目を見ることはなかったでしょう。

◆ 著者 ◆

マイク・ヴァイキング（Meik Wiking）

2013年、幸福についての研究を行なう世界初の研究施設「ハピネス・リサーチ研究所」をデンマーク・コペンハーゲンに設立。既刊書『ヒュッゲ 365日「シンプルな幸せ」のつくり方』、『リュッケ 人生を豊かにする「6つの宝物」』（以上、三笠書房）、『The Art of Making Memories』（未邦訳）の3冊は全世界でベストセラーとなり、200万部を売り上げている。

 @Happi_Research   @meikwiking

◆ 訳者 ◆

パリジェン聖絵（Kiyoe Parisien）

翻訳家。米オレゴン大学言語学部卒、バベル翻訳専門職大学院（USA）にて翻訳修士号を取得。主な訳書に、『1日1ページ、読むだけで身につく世界の教養365 人物編』（文響社）、『世界の美しい城』（原書房）、『列車と愛の物語』（近代文藝社）などがある。米オレゴン州在住。

◆ 編集協力 ◆

リリーフ・システムズ

MY HYGGE HOME
by Meik Wiking

Copyright©Meik Wiking
The moral right of the author has been asserted
First published as MY HYGGE HOME in 2022 by Penguin Life,
an imprint of Penguin General.
Penguin General is part of the Penguin Random House group of companies.
Japanese translation rights arranged with Penguin Books Limited
through Japan UNI Agency,Inc.,Tokyo

マイ・ヒュッゲ・ホーム
「癒やしの空間」のつくり方

2024年3月25日　第1刷発行

著者　　マイク・ヴァイキング
訳者　　パリジェン聖絵
発行者　押鐘太陽
発行所　株式会社三笠書房
　　　　〒102-0072 東京都千代田区飯田橋3-3-1
　　　　電話 03-5226-5734(営業部)／03-5226-5731(編集部)
　　　　https://www.mikasashobo.co.jp
印刷　　誠宏印刷
製本　　若林製本工場
ISBN978-4-8379-5817-8　C0030
©Kiyoe Parisien, printed in Japan

全世界で大ベストセラー！！

THE LITTLE BOOK OF HYGGE

ヒュッゲ
365日「シンプルな幸せ」
のつくり方

マイク・ヴァイキング［著］

ニコライ バーグマン［解説］

アーヴィン香苗［訳］

北欧デンマーク、
世界一満ち足りた時間の国。
本当に大切な人、ものと暮らす、
心あたたかい生き方とは──？

THE LITTLE BOOK OF LYKKE

リュッケ
人生を豊かにする
「6つの宝物」

マイク・ヴァイキング［著］

アーヴィン香苗［訳］

ヒュッゲな国＝デンマークから
その原点「リュッケ（幸せ）」を探して──。